プリント形式のリアル過去問で本番の臨場感！

兵庫県

関西学院中学部

2025年 春 受験用

解答集

本書は，実物をなるべくそのままに，プリント形式で年度ごとに収録しています。
問題用紙を教科別に分けて使うことができるので，本番さながらの演習ができます。

■ 収録内容

・解答集(この冊子です)

　　書籍ID番号，この問題集の使い方，最新年度実物データ，リアル過去問の活用，
　　解答例と解説，ご使用にあたってのお願い・ご注意，お問い合わせ

・2024(令和6)年度 ～ 2020(令和2)年度 学力検査問題

JN132127

○は収録あり	年度	'24	'23	'22	'21	'20
■ 問題(A日程・B日程)		○	○	○	○	○
■ 解答用紙		○	○	○	○	○
■ 配点						

全教科に解説
があります

注)国語問題文非掲載:2024年度B日程の二

問題文の非掲載につきまして

　著作権上の都合により，本書に収録している過去入試問題の本文の一部を掲載しておりません。ご不便をおかけし，誠に申し訳ございません。

　本文の一部を掲載できなかったことによる国語の演習不足を補うため，論説文および小説文の演習問題のダウンロード付録があります。弊社ウェブサイトから書籍ID番号を入力してご利用ください。

　なお，問題の量，形式，難易度などの傾向が，実際の入試問題と一致しない場合があります。

K 教英出版

■ 書籍ID番号

入試に役立つダウンロード付録や学校情報などを随時更新して掲載しています。
教英出版ウェブサイトの「ご購入者様のページ」画面で，書籍ID番号を入力してご利用ください。

書籍ID番号　**104130** ▶

（有効期限：2025年9月30日まで）

【入試に役立つダウンロード付録】
「要点のまとめ（国語／算数）」
「課題作文演習」ほか

■ この問題集の使い方

年度ごとにプリント形式で収録しています。針を外して教科ごとに分けて使用します。①片側，②中央のどちらかでとじてありますので，下図を参考に，問題用紙と解答用紙に分けて準備をしましょう（解答用紙がない場合もあります）。

針を外すときは，けがをしないように十分注意してください。また，針を外すと紛失しやすくなりますので気をつけましょう。

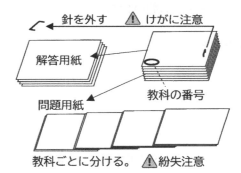
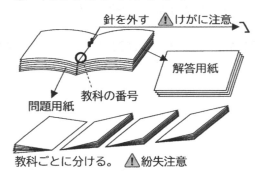

① 片側でとじてあるもの

針を外す ⚠ けがに注意
解答用紙
教科の番号
問題用紙
教科ごとに分ける。 ⚠ 紛失注意

② 中央でとじてあるもの

針を外す ⚠ けがに注意
解答用紙
問題用紙
教科の番号
教科ごとに分ける。 ⚠ 紛失注意

※教科数が上図と異なる場合があります。
解答用紙がない場合や，問題と一体になっている場合があります。
教科の番号は，教科ごとに分けるときの参考にしてください。

■ 最新年度 実物データ

実物をなるべくそのままに編集していますが，収録の都合上，実際の試験問題とは異なる場合があります。実物のサイズ，様式は右表で確認してください。

問題用紙	B4片面プリント
解答用紙	B4片面プリント

リアル過去問の活用

~リアル過去問なら入試本番で力を発揮することができる~

✿ 本番を体験しよう！

　問題用紙の形式（縦向き / 横向き），問題の配置や余白など，実物に近い紙面構成なので本番の臨場感が味わえます。まずはパラパラとめくって眺めてみてください。「これが志望校の入試問題なんだ！」と思えば入試に向けて気持ちが高まることでしょう。

✿ 入試を知ろう！

　同じ教科の過去数年分の問題紙面を並べて，見比べてみましょう。

① 問題の量

　毎年同じ大問数か，年によって違うのか，また全体の問題量はどのくらいか知っておきましょう。どのくらいのスピードで解けば時間内に終わるのか，大問ひとつにかけられる時間を計算してみましょう。

② 出題分野

　よく出題されている分野とそうでない分野を見つけましょう。同じような問題が過去にも出題されていることに気がつくはずです。

③ 出題順序

　得意な分野が毎年同じ大問番号で出題されていると分かれば，本番で取りこぼさないように先回りして解答することができるでしょう。

④ 解答方法

　記述式か選択式か（マークシートか），見ておきましょう。記述式なら，単位まで書く必要があるかどうか，文字数はどのくらいかなど，細かいところまでチェックしておきましょう。計算過程を書く必要があるかどうかも重要です。

⑤ 問題の難易度

　必ず正解したい基本問題，条件や指示の読み間違いといったケアレスミスに気をつけたい問題，後回しにしたほうがいい問題などをチェックしておきましょう。

✿ 問題を解こう！

　志望校の入試傾向をつかんだら，問題を何度も解いていきましょう。ほかにも問題文の独特な言いまわしや，その学校独自の答え方を発見できることもあるでしょう。オリンピックや環境問題など，話題になった出来事を毎年出題する学校だと分かれば，日頃のニュースの見かたも変わってきます。

　こうして志望校の入試傾向を知り対策を立てることこそが，過去問を解く最大の理由なのです。

✿ 実力を知ろう！

　過去問を解くにあたって，得点はそれほど重要ではありません。大切なのは，志望校の過去問演習を通して，苦手な教科，苦手な分野を知ることです。苦手な教科，分野が分かったら，教科書や参考書に戻って重点的に学習する時間をつくりましょう。今の自分の実力を知れば，入試本番までの勉強の道すじが見えてきます。

✿ 試験に慣れよう！

　入試では時間配分も重要です。本番で時間が足りなくなってあわてないように，リアル過去問で実戦演習をして，時間配分や出題パターンに慣れておきましょう。教科ごとに気持ちを切り替える練習もしておきましょう。

✿ 心を整えよう！

　入試は誰でも緊張するものです。入試前日になったら，演習をやり尽くしたリアル過去問の表紙を眺めてみましょう。問題の内容を見る必要はもうありません。どんな形式だったかな？受験番号や氏名はどこに書くのかな？…ほんの少し見ておくだけでも，志望校の入試に向けて心の準備が整うことでしょう。

　そして入試本番では，見慣れた問題紙面が緊張した心を落ち着かせてくれるはずです。

　※まれに入試形式を変更する学校もありますが，条件はほかの受験生も同じです。心を整えてあせらずに問題に取りかかりましょう。

=== 《Ａ日程　国　語》 ===

一　問一．a．危険　b．路線　c．待合室　d．間取り　e．勤める　f．曲げ　g．鏡　h．映し
問二．A．エ　B．ア　C．オ　D．ウ　E．イ　F．カ　　問三．①雪の多い東北地方の田舎で一人暮らしをして
いて、冬は雪かきや屋根の雪下ろしが大変であり、東北の凍てつく寒さは体にこたえるから。／高血圧や糖尿病
や白内障などの持病があるため、病院通いは欠かせないが、バス路線は何年も前に廃止になっており、雪道を自分
で運転するしかなく、危険だから。／田舎の病院の待合室は日によっては座れないくらいに混雑し、持病があるの
で、病院で感染し、重症化するリスクが高いから。　　②東京と東北の行き来の繰り返しはアツシにも不自由をさせ
るから。／東京から行くと、ウイルスを持ってきたと言われるから。　　問四．①アツシがおばあちゃんが来たこ
とを喜んでいるから。　　②おばあちゃんにウイルスをうつさないために、アツシがぼくたちと遊べなくなっている
ことに気づいたから。　　問五．マスクを外していたことやアツシを無視していたことを言いつけたら、ぼくたち
を謝らせることもできるのに、それもせず、自分から謝ってきたこと。　　問六．アツシが嫌がってるのにしつこ
く誘ったり、誘いに乗らなかったら無視したり

二　問一．a．専門　b．民族　c．試み　d．差異　e．典型的　f．由来　g．主張　h．大衆
i．晩年　j．好評
問二．A．オ　B．ウ　C．カ　D．ア　E．イ　　問三．ア．動物観　イ．八頭身　ウ．水の音
問四．「一番美しい動物は何か」といったような質問を並べてアンケート調査を重ね、その答えが年齢、性別、職
業、宗教、民族などでどのように違うか調べること。　　問五．ア．実体の美　イ．状況の美　　問六．左右相称
性／部分と全体との比例関係／基本的な幾何学形態との類縁性　　問七．はじめ…日本人は、　終わり…うである。
問八．①観光絵葉書　②満開の桜の下の清水寺／雪に覆われた金閣寺　　問九．《名所江戸百景》を刊行した版元
問十．見事な建築

三　①ねこ　　②馬　　③犬　　④ねずみ　　⑤はと　　⑥う

=== 《Ａ日程　算　数》 ===

1　(1)209　　(2)30．1　　(3)$\frac{1}{14}$　　(4)$3\frac{1}{3}$

2　(1)320　　(2)9　　(3)5.7　　(4)18　　(5)114.4

※3　(1)25人　　(2)22人

※4　(1)2600ｇ　　(2)540円

5　(1)2.6分後　　※(2)27　　※(3)毎分0.5Ｌ　　※(4)㋐12　㋑16

6　(1)8回　　※(2)32通り

※の式または考え方は解説を参照してください。

問1　(1)A．子宮　B．たいばん　C．へそのお　(2)エ　(3)イ　(4)羊水　(5)エ　(6)酸素　(7)エ
(8)ウ→ア→イ→エ　(9)エ　(10)ア

問2　(1)ウ　(2)①メタン　②ウ

問3　(1)①イ　②エ　(2)イ　(3)40　(4)①30　②90　(5)イ　(6)90　(7)55　(8)エ　(9)ウ　(10)エ　(11)35

問4　(1)①25　②(A)鉄，アルミニウム，ゴム　(B)木　(2)①0.91　②ウ
(3)①イ，エ　②A．ア　B．ウ　C．イ　(4)①エ　②イ　③イ

問5　(1)①ア　②流れがゆるやかで，たい積作用がはたらくため。　③ウ　④エ　(2)エ　(3)メダカがすみやすい流れのゆるやかな場所が減ってしまったから。／植物がなくなり，メダカが卵を産みつける場所が減ってしまったから。　(4)①魚道　②魚が川を移動できるようにしている。　(5)①イ　②ウ　③イ　④ア　⑤イ　(6)ウ

一　問一．a．名手　b．信心　c．建て　d．唱え　e．演奏　f．比類　g．拝見　h．毒　i．修復
j．覚め〔別解〕醒め
問二．A．ア　B．ウ　C．エ　D．イ　E．カ　F．オ　G．キ　問三．A．ア　B．ウ　C．ウ
問四．このお堂で音楽を演奏し，仏様へのお供えとしていたから。　問五．病状が重く，もう長くはないと思っていたから。　問六．よくないことがまったくなくなり，寺の僧たちも安心してつとめにはげみ，寺の田畑も豊作続きだということ。　問七．額を書いてほしいと頼む人が来ること。　問八．楽音寺の額を書くこと。
問九．仏様とのご縁につながることだから。　問十．琵琶の演奏　問十一．ともに，その道で並ぶ者のない名人であること。

二　問一．a．公用　b．移民　c．背景　d．残念　e．慣れ　f．逆　g．同士　h．辞書　i．体験
問二．A．イ　B．カ　C．ウ　D．オ　E．ア　F．エ　問三．モントリオールは様々な国から多くの移民を受け入れており，移民たちの間で各出身地の言葉が飛び交っている街だから。　問四．簡単なあいさつや日常表現　問五．日本語…（何らかの状況で）ある言葉　英語…（誰かが何かを）する言葉　問六．あることがむずかしい　問七．英語と違って，日本語には話し手も，聞き手も出てこない点。　問八．動詞…行為を表す言葉
形容詞…状態や様子を表す言葉

1　(1)100　(2)7.65　(3)$\frac{1}{4}$　(4)0.5

2　(1)1440　(2)1400　(3)19　(4)24　(5)5日午前3時

※3　(1)⑦960　①52　(2)40分後

※4　90.41 cm²

※5　50通り

※6　(1)毎秒0.5 cm　(2)750 cm²　(3)6000 cm²　(4)⑦30　①$46\frac{2}{3}$

※の式または考え方は解説を参照してください。

―《2024　Ａ日程　国語　解説》――――――――――――――――――――――――

一　問三①　1〜7行前に、おばあちゃんに関することが書かれている。田舎の一人暮らしで雪かきや雪下ろしが大変であり、寒さが体にこたえること、持病があり、自分で車を運転して通院しなければならないこと、病院でウイルスに感染し、重症化するリスクが高いことの3つに分けてまとめる。　　　②　1〜2行後の「やっぱりアツシくんも不自由しちゃうし、東京から田舎に行くと、ウイルスを持ってきたとか、いろいろ言われちゃうから」よりまとめる。

問四①　直前で、お母さんが「おばあちゃんがウチに来ることになって、すごく喜んで、張り切ってるの」と言っている。これを聞いて、「ぼく」は「だったら、まあ、いいか」と思ったのである。　　　②　次の行に「あいつがぼくたちと遊ばなくなった理由がやっとわかった」とある。「ぼく」は、アツシが、おばあちゃんにウイルスをうつさないために、自分たちと遊ばなくなったことに気づいたのである。

問五　10〜11行後の「アツシは〜言いつけなかった。その話をすれば〜ぼくたちみんなに謝らせることだってできたはずなのに」という部分や、アツシが、遊びに誘われても断っているのを謝っていることからまとめる。

問六　「事情」とは、アツシのおばあちゃんがいっしょに住むことになり、ウイルスをうつさないために、遊びに誘われても断っていたということ。文章の最初の方に、「謝るのは、こっちのほうだ。アツシが嫌がってるのにしつこく誘ったり、誘いに乗らなかったら無視したりして」とある。

二　問三ア　同じ一文にある「この話」とは、農学専門のある先生から聞いた、人間の動物観を研究するために日本でもアメリカと同じような調査をしてみたという話である。　　　イ　ここより前に、「『カノン』の中身は場合によっては変わり得る」とあり、紀元前4世紀に、「カノン」が七頭身から八頭身へと変わったことが書かれている。ここでは、「『カノン』の中身は」変わっても、「何かある原理が美を生み出すという思想は変わらない」ことを説明しているので、「『カノン』の中身」である「八頭身」が入る。　　　ウ　直後の「妙音」とは、美しい音のこと。この俳句で音に関係がある部分は「水の音」である。

問四　直前の段落に書かれている「人間の動物観を研究するというプロジェクト」の内容をまとめる。アメリカで行われたこの調査の話を聞いて、「面白そうだから日本でも同じような調査をしようという話になった」のである。

問五ア　この後、アメリカも含めた西欧世界における「美」の捉え方が説明されていて、それを「実体物として美を捉えるという考え方」「実体の美」と表現している。　　　イ　日本人の美の捉え方については、「日本人は、遠い昔から、何が美であるかということよりも、むしろどのような場合に美が生まれるかということにその感性を働かせて来たようである」と述べ、西欧世界の「『実体の美』に対して、『状況の美』とでも呼んだらよいであろうか」と続けている。

問七　日本人にとっての美、つまり「状況の美」を見出す態度について書かれた部分をぬき出す。

問八①　広重は、江戸の名所を思いつくままばらばらに描き出して行った。それを版元が四季に分類したり絵を加えたりして刊行したのが《名所江戸百景》である。これを現代に置きかえると、各地の名所を描いたもの(あるいは写真を印刷したもの)である「観光絵葉書」になる。　　　②　広重が描いた「名所」は、「いずれも季節の風物や年中行事と結びついて」いる。現代でこれにあたるものは、「観光絵葉書」の中でも、「季節の粧いをこらしたもの」になる。

問十　ノートルダム大聖堂や凱旋門、エッフェル塔は、清水寺や金閣寺と同じく観光名所になっている建築物

である。これらは、絵葉書での捉えられ方は異なるかもしれないが、「それ自体見事な建築」であるという共通点をもっている。

═《2024　Ａ日程　算数　解説》═

1 (1)　与式＝$17×19-38×3＝17×19-19×2×3＝(17-6)×19＝11×19＝$**209**

(2)　与式＝$2.65×14-58×0.01×14+0.8×0.1×14＝(2.65-0.58+0.08)×14＝2.15×14＝$**30.1**

(3)　与式＝$\dfrac{4+24-27}{30}×\dfrac{15}{4}÷1\dfrac{3}{4}＝\dfrac{1}{30}×\dfrac{15}{4}×\dfrac{4}{7}＝$**$\dfrac{1}{14}$**

(4)　与式＝$8×(2\dfrac{1}{4}+\dfrac{52}{9}×\dfrac{3}{13})÷\dfrac{43}{5}＝8×(\dfrac{9}{4}+\dfrac{4}{3})×\dfrac{5}{43}＝8×\dfrac{27+16}{12}×\dfrac{5}{43}＝8×\dfrac{43}{12}×\dfrac{5}{43}＝\dfrac{10}{3}＝$**$3\dfrac{1}{3}$**

2 (1)　【解き方】昨日のＡ，Ｂ，Ｃの値段をそれぞれ⑩円，⑦円，④円とすると，今日のＡ，Ｂの値段はそれぞれ⑩＋100（円），⑦－20（円）と表せる。

⑩＋100と⑦－20の比が5：3だから，$(⑩＋100)×\dfrac{3}{5}＝⑥+60$（円）が⑦－20（円）にあたる。

したがって，⑦－⑥＝①が60＋20＝80（円）にあたるから，昨日のＣの値段は，$80×\dfrac{④}{①}＝$**320**（円）

(2)　【解き方】全体の仕事量を15と20の最小公倍数の⑥⓪とすると，1日の仕事量は，父が⑥⓪÷15＝④，子どもが⑥⓪÷20＝③となる。つるかめ算を利用する。

子どもだけで17日仕事を行うと，③×17＝㉛となり，⑥⓪－㉛＝⑨足りない。1日を子どもの仕事から父の仕事におきかえると，全体の仕事量が④－③＝①増えるから，父が仕事をした日数は，⑨÷①＝**9**（日）である。

(3)　【解き方】ふくまれる食塩の量は食塩水の量に比例する。

混ぜ合わせた2つの食塩水にふくまれる食塩の量の合計は，$200×\dfrac{2}{100}+300×\dfrac{5}{100}＝19$（ｇ）である。できた食塩水の$\dfrac{150}{200+300}＝\dfrac{3}{10}$の量を取り出したから，食塩も$\dfrac{3}{10}$だけ取り出されたので，求める量は，$19×\dfrac{3}{10}＝$**5.7**（ｇ）

(4)　正六角形は右図のように合同な12個の三角形に分けることができる。斜線部分の面積はこの三角形3個分だから，斜線部分の面積は，$72×\dfrac{3}{12}＝$**18**（㎠）

(5)　【解き方】電車は4秒間で，歩いている人よりも電車の長さの分だけ多く走った。

時速108㎞＝秒速$\dfrac{108×1000}{60×60}$ｍ＝秒速30ｍ，分速84ｍ＝秒速$\dfrac{84}{60}$ｍ＝秒速1.4ｍだから，電車は人より，1秒あたり30－1.4＝28.6（ｍ）多く進む。

よって，電車の長さは，28.6×4＝**114.4**（ｍ）

3　【解き方】正解した問題の組み合わせによって，右表の㋐～㋗のように分けられる。

(1)　3番を正解したのは㋐，㋒，㋓，㋕だから，全部で，

3＋16＋6＝**25**（人）

(2)　1番を正解した18人は㋐，㋑，㋒，㋔のいずれかだから，

㋒＋㋔＝18－3－5＝10（人）　したがって，㋓＋㋕＝16＋8－10＝14（人）である。

2番を正解したのは㋐，㋑，㋓，㋖だから，全部で，3＋5＋14＝**22**（人）

	㋐	㋑	㋒	㋓	㋔	㋕	㋖	㋗
1番	○	○	○	×	○	×	×	×
2番	○	○	×	○	×	○	×	×
3番	○	×	○	○	×	×	○	×
点数(点)	50	40	30		20		10	0
人数(人)	3	5	16		8		6	2

4 (1)　【解き方】1回目に仕入れた量を1とすると，2回目の量は1，3回目の量は$1-\dfrac{25}{100}＝\dfrac{3}{4}$となる。

$1+1+\dfrac{3}{4}＝\dfrac{11}{4}$が7150ｇにあたるから，1は$7150÷\dfrac{11}{4}＝2600$（ｇ）にあたる。よって，求める量は**2600ｇ**である。

(2)　【解き方】2回目と3回目の仕入れた金額の比を求める。

2600ｇ＝2.6㎏だから，1回目の仕入れた金額は，445×2.6＝1157（円）である。したがって，2回目と3回目の仕入れた金額の合計は，3380－1157＝2223（円）である。2回目と3回目で，仕入れた量の比が$1：\dfrac{3}{4}＝4：3$，1㎏

あたりの価格の比が $1:\left(1+\frac{20}{100}\right)=5:6$ だから，仕入れた金額の比は，$(4\times5):(3\times6)=10:9$ である。よって，3回目の仕入れた金額は，$2223\times\frac{9}{10+9}=1053$（円）である。3回目は $2600\times\frac{3}{4}=1950$（ g ）→1.95 kg仕入れたから，1 kgあたりの仕入れ価格は，$1053\div1.95=540$（円）

5 (1) 【解き方】右図は水そうを正面から見た図であり，水そう内の空間に①～③の番号をおく。水は①→②→③の順に入る。

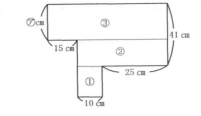

①→②→③の順に底面積は大きくなっていくので，水面の高さが上がる割合は減っていく。したがって，グラフが折れているところ3つのうち1つだけ水面の高さが上がる割合が増えているところが，排水口を閉めたときである。よって，排水口を閉めたのは**2.6分後**とわかる。

(2) 【解き方】(1)より，グラフから右図のことが読み取れる。

②が満水になってから③が満水になるまでにかかった時間は，$16.2-5.4=10.8$（分）だから，③の容積は，$2.5\times10.8=27$（L），つまり 27000 ㎤である。③の底面積は $20\times(15+10+25)=1000$（㎠）だから，⑦$=27000\div1000=$**27**（cm）

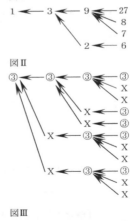

(3) 【解き方】排水口が開いていない場合に②を満水にするのにかかる時間と，実際に②を満水にするのにかかった時間の差に注目する。

②の高さは $41-27=14$（cm）だから，②の容積は，$20\times(10+25)\times14=9800$（㎤）したがって，排水口が開いていなければ満水にするのに $9800\div2500=\frac{98}{25}=3\frac{23}{25}$（分）かかる。しかし，実際にかかった時間は $5.4-1.2=4.2=4\frac{1}{5}$（分）だから，余分にかかった時間は $4\frac{1}{5}-3\frac{23}{25}=\frac{7}{25}$（分）である。したがって，$\frac{7}{25}$分で入れた水の量である $2500\times\frac{7}{25}=700$（㎤）が，$2.6-1.2=1.4$（分）で排水された水である。

よって，排水口から水が流れ出る割合は，$700\div1.4=500$ より，毎分 500 ㎤＝毎分 **0.5 L** である。

(4) 【解き方】排水口が開いているときに水そうに水がたまる割合は，$2500-500=2000$ より，毎分 2000 ㎤である。

水を入れ始めてから1.2分後までに $2000\times1.2=2400$（㎤）の水がたまるから，④$=\frac{2400}{20\times10}=$**12**（cm）

水を入れ始めてから1.2分後から2.6分後までの1.4分間にたまった水の量は，$2000\times1.4=2800$（㎤）だから，②の高さは，$\frac{2800}{20\times(10+35)}=4$（cm）　　よって，⑦$=12+4=$**16**（cm）

6 (1) $40\to42\to14\to15\to5\to6\to2\to3\to1$ となるから，**8回**で終了する。

(2) 【解き方】1から操作をさかのぼっていくが，6回すべてをさかのぼるのは大変なので，ある程度のところまで具体的な数字でさかのぼったら，その先は規則性から考える。

1から3回操作をさかのぼると，図Ⅰのようになる。ここから先は，3の倍数ならば3倍するか，1引くか，2引くかの3通りのさかのぼり方が，3の倍数以外ならば3倍するという1通りのさかのぼり方がある。したがって，3の倍数を③，3の倍数以外をXと表すと，3の倍数から3回さかのぼる場合は，図Ⅱのように11通り，3の倍数以外から3回さかのぼる場合は，図Ⅲのように5通りある。

図Ⅰより，1から3回さかのぼると3の倍数が2通り，3の倍数以外が2通りできるから，1から6回さかのぼると，$11\times2+5\times2=$**32**（通り）のさかのぼり方がある。なお，1つの整数に操作をくり返す場合は1通りのくり返し方しかないので，

別のさかのぼり方から同じ整数ができることはない。

━《2024　Ａ日程　理科　解説》━

問1

(6)(9)　母親の体内にいる間は、へそのおを通して酸素や二酸化炭素の受け渡しを行う。子どもが母親の体外へ出て産声をあげる（泣く）ことで、初めて空気を自分ですったりはいたりする呼吸を始める。

(10)　ヒトやクジラなどのほ乳類は、親と似た姿で子どもを体外にうみだす。カエル（両生類）、カメ（は虫類）、スズメ（鳥類）は卵でうまれる。

問2

(2)　ウシなどのはんすう動物が出すげっぷには温室効果のあるメタンガスがふくまれる。

問3

(3)　光を受ける面と当たる光の角度が垂直（90 度）のとき、発電できる電気の量が最も多くなる（豆電球が最も明るく光る）から、角Ｘを 180－(50＋90)＝40(度)にすると豆電球が最も明るく光る。

(4)　角Ｘが 180－(60＋90)＝30(度)に近いほど、豆電球が明るく光る。

(5)　装置を開いていくと、光を受ける面と当たる光の角度が図5のときから 180 度になるまで、豆電球の明かりは暗くなっていき、180 度をこえると光を受ける面に光が当たらなくなるので豆電球の明かりは消える。

(7)　反時計回りに 55 度進んだ位置に装置を取り付けると図ⅰのようになる。平行線の同位角は等しいから、図ⅰの色付きの角の大きさは等しく 55 度である。したがって、角Ｘが 0 度の装置に対して 90－55＝35(度)の角度で光が当たるから、角Ｘが 180－(35＋90)＝55(度)のときに豆電球が最も明るく光る。

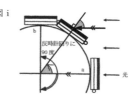

図ⅰ

(8)　ｄの位置のとき、装置を開いても光が当たらないから、豆電球はつかない。

(9)　北半球では、太陽は東からのぼり、南の空の高い位置を通り、西にしずむから、南に向ければよい。

(10)　南半球では、太陽は東からのぼり、北の空の高い位置を通り、西にしずむから、北に向ければよい。

(11)　春分の日に北緯 35 度の地点に装置を置いたときの装置と光（太陽）の位置関係は、図6でａの位置から反時計回りに 35 度進んだ位置に装置を取り付けたときの装置と光の位置関係と同じである。(6)(7)より、ａから反時計回りにある角度進んだ位置に装置を取り付けたとき、豆電球が最も明るく光る（最も多く発電できる）のは、進んだ角度と角Ｘの大きさが等しいときとわかる。よって、角Ｘを 35 度にすればよい。

問4

(1)①　鉄 1 cm³ の重さが 7.8 g だから、重さ 195 g の鉄の体積は $1 \times \frac{195}{7.8} = 25$ (cm³)である。　②（Ａ）　水 25 cm³ の重さは 25 g だから、25 g より重いものはしずみ、軽いものはうく。よって、鉄とアルミニウムとゴムはしずみ、木とプラスチックはうく。　（Ｂ）　25 g の半分の 12.5 g くらいのものは、半分くらい水面の上に出てうく。

(2)①　重さが 1 g の氷の体積は 1.1 cm³ だから、体積 1 cm³ あたりの重さは 1 ÷ 1.1 ＝ 0.909…→0.91 g である。

(3)①　体積を正確にはかりとるとき、メスシリンダーを水平なところに置き、液をはかりたい量よりやや少なめに入れる。次に真横から見ながら、はかりとる体積の目もりまでピペットやスポイトで液を入れる。　②　食用油の 1 cm³ あたりの重さは 188 ÷ 200 ＝ 0.94(g)だから、1 cm³ あたりの重さは氷より食用油の方が重く、水より食用油の方が軽い。よって、食用油に入れた氷はうくが、とけて水になるとしずむ（下降する）。また、水と食用油は混じり合わない。

(4)① 　生卵1㎤あたりの重さは60÷55＝1.09…（g）だから，1㎤あたりの重さは水より重く，生卵は水にしずむ。

②③ 　食塩水1㎤あたりの重さは(1000＋250)÷1090＝1.14…（g）だから，1㎤あたりの重さは生卵より食塩水の方が重く，生卵は食塩水にうく。

問5

(1)①～③ 　図1のように川の曲がったところでは，川の内側（Aに近い方）の方が，外側（Bに近い方）より水の流れがゆるやかで，流されてきた土砂などが積もるはたらき（たい積作用）が大きく，川底などをけずるはたらき（しん食作用）が小さい。そのため，Aは川原が広がり，Bはがけになっている。また，川の内側（Aに近い方）は浅く，外側（Bに近い方）は深くなる。　④ 　エ×…ダムは川に流れる水の量を調節するはたらきがあり，川の上流にあることが多い。

(2) 　アはブロック，イは砂防えんてい，ウはてい防のはたらきである。

(5) 　①②V字谷はしん食作用が大きい川の上流，三角州はたい積作用が大きい河口付近にできやすい。

(6) 　川の石は，流れる水のはたらきによって，角が取れたり，われたりして，小さく丸みを帯びていく。流れる水のはたらきをより多く受ける長い川（淀川）の河口付近の石の方が，小さく丸みを帯びると考えられる。

━《2024　Ｂ日程　国語　解説》━

一　**問三Ａ**　引用を表す助詞なので、アが適する。　　　**Ｂ**　単純に後につなぐことを表す助詞なので、ウが適する。

Ｃ　二つの動作が同時に行われることを表す助詞なので、ウが適する。

問四　少し後に、「また、音楽を演奏して、それを仏様へのお供えとしていた。こうしたわけで、このお堂をそう（＝「楽音寺」と）名付けたのである」とある。

問五　少し前に「病状が重く、起き上がることさえできないほどであった」「腹がふくらみ、息をするのも苦しい様子」などとある。行能（ゆきよし）は、こうした病状から、自分の命は長くないと思っていたのである。

問六　「これ」が指す内容は、「あの額のお陰（かげ）」で起こったことである。「例の僧」は、立派な額を寺に掲げればおそろしいことは起こらないと思い、行能に額を書いてもらった。よって、「あの額のお陰」で起こったことは、「よくないことがまったくなく」なったことであり、「寺の僧たちも安心してつとめにはげみ、寺の田畑も豊作続き」であることである。

問七　2行前に「今から五日以内に、額を書いてほしいと頼む人が来る」とある。行能はこの夢のお告げを信じて、額を書いてほしいと頼む人が来るのを待ち続けていたのである。

問八　問七の解説にもあるように、行能は額を書いてほしいと頼む人が来るのを待ち続けていた。そこに、法探房が、楽音寺の額を書いてもらうために訪ねてきたのである。

問九　行能が見た夢の中で、天人は、額を書くことが「仏様とのご縁（えん）につながることだ」と言った。

問十　「あなた」というのは、行能が話している相手である法探房を指す。文章の1行目に、法探房が琵琶（びわ）の名手であることが書かれている。よって、法探房の芸の道とは、琵琶の演奏である。

問十一　文章の1行目に、法探房は、琵琶の演奏において、並ぶ者のない名手であったと書かれている。また、7行目に、行能は、当代では比類なき書の名人であったと書かれている。

二　著作権上の都合により文章を掲載（けいさい）しておりませんので、解説も掲載しておりません。ご不便をおかけし、誠に申し訳ございません。

━《2024　Ｂ日程　算数　解説》━

1　**(1)**　与式＝(4720－3328)÷24＋42＝1392÷24＋42＝58＋42＝**100**

(2)　与式＝8.3－0.65＝**7.65**

(3)　与式＝$1\frac{3}{20}-(3\frac{3}{4}-\frac{5}{6})\times\frac{144}{100}\times\frac{3}{14}=1\frac{3}{20}-\frac{45-10}{12}\times\frac{36}{25}\times\frac{3}{14}=1\frac{3}{20}-\frac{35}{12}\times\frac{36}{25}\times\frac{3}{14}=1\frac{3}{20}-\frac{18}{20}=\frac{23}{20}-\frac{18}{20}=\frac{5}{20}=\frac{1}{4}$

(4)　与式より，$3.2-(\square+1.9)\div1.125=6\times\frac{8}{45}$　　$(\square+1.9)\div1.125=\frac{16}{5}-\frac{16}{15}$　　$(\square+1.9)\div1\frac{1}{8}=\frac{32}{15}$

$\square+1.9=\frac{32}{15}\times\frac{9}{8}$　　$\square=\frac{12}{5}-1.9=2.4-1.9=\textbf{0.5}$

2　**(1)**　【解き方】2人が出会うまでに進む道のりの比は，速さの比と等しく80：100＝4：5である。

妹と兄が出会うまでに進んだ道のりをそれぞれ④，⑤とすると，家から学校までの道のりは④＋⑤＝⑨，その半分は，⑨÷2＝④.⑤と表せる。したがって，④.⑤－④＝⓪.⑤が80mにあたるから，家から学校までの道のりは，$80\times\frac{④+⑤}{⓪.⑤}=\textbf{1440}$(m)

(2)　1円あたりの重さは$\frac{150}{690}=\frac{5}{23}$(g)で，1gあたり$\frac{920}{350}=\frac{92}{35}$(キロカロリー)だから，1円あたり$\frac{5}{23}\times\frac{92}{35}=\frac{4}{7}$(キロカロリー)である。よって，2450円だと，$\frac{4}{7}\times2450=\textbf{1400}$(キロカロリー)

(3) 【解き方】ある場所を1周するように等間隔に木を植えるとき必要な木の本数は，木と木の間が何か所できるかの数字と等しくなる。

角には必ず木を植えるので，木と木の間隔は，84と210と378と126の公約数である。できるだけ木の本数を少なくするので，木と木の間隔は84と210と378と126の最大公約数にする。右の筆算は最大公約数を求めるものであるが，最大公約数で区切ったときにできる木と木の間が，各辺に2か所と5か所と9か所と3か所できることもわかる。

$$\begin{array}{r} 2\,)\,\underline{84\ 210\ 378\ 126} \\ 3\,)\,\underline{42\ 105\ 189\ \ 63} \\ 7\,)\,\underline{14\ \ 35\ \ 63\ \ 21} \\ 2\ \ \ 5\ \ \ 9\ \ \ 3 \end{array}$$

よって，全部で2＋5＋9＋3＝19(か所)なので，木は**19**本必要である。

(4) 【解き方】72を素数の積で表すと，72＝2×2×2×3×3となる。したがって，1から72までの整数のうち，2でも3でも割り切れない数の個数を求める。

1から72までの整数のうち，2の倍数は72÷2＝36(個)，3の倍数は72÷3＝24(個)，2と3の公倍数(最小公倍数である6の倍数)は72÷6＝12(個)ある。よって，2または3で割り切れる数は，36＋24－12＝48(個)あるから，2でも3でも割り切れない数は，72－48＝**24**(個)あり，これが求める個数である。

(5) 2人の時計の時刻の差は1日に6＋10＝16(秒)生じるから，1分＝60秒になるのは，$\frac{60}{16}＝\frac{15}{4}＝3\frac{3}{4}$(日)→3日($\frac{3}{4}$×24)時間＝3日18時間たったときである。

よって，求める時刻は，1月1日午前9時＋3日18時間＝1月4日午前27時＝1月**5日午前3時**

3 (1) 【解き方】エンジンが直った後のボートの動きから，ボートが川を上る速さを求められる。

1.6km＝1600mだから，ボートは川を上るとき，36－(16＋7)＝13(分)で1600－820＝780(m)進む。このときの速さは，分速$\frac{780}{13}$m＝分速60mだから，⑦＝60×16＝**960**(m)

ボートは川に流されている7分間で960－820＝140(m)流されたから，川の流れの速さは，分速$\frac{140}{7}$m＝分速20mである。したがって，ボートが川を下る速さは，60＋20＋20＝100より，分速100mである。

よって，⑦＝36＋$\frac{1600}{100}$＝**52**(分)

(2) フェリーが川を上る速さは，50－20＝30より，分速30mである。フェリーがA地点から820mの地点を通るのは$\frac{820}{30}＝\frac{82}{3}＝27\frac{1}{3}$(分後)であり，ボートのエンジンが直った時間よりも後なので，ボートが上っている間，フェリーがボートに追いつくことはない。

出発してから36分後に，フェリーは30×36＝1080(m)進んでいて，ボートと1600－1080＝520(m)はなれている。さらに$\frac{520}{100＋30}$＝4(分後)にフェリーとボートは出会うから，求める時間は，36＋4＝**40**(分後)

4 【解き方】円が通った部分の面積は，右図のうすい色の長方形の面積の和とこい色のおうぎ形の面積の和を足してから，太線で囲んだ部分の面積を引いた値に等しい。

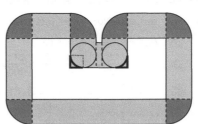

円の直径が2cmだから，うすい色の長方形はすべて，1つの辺が2cmである。したがって，うすい色の長方形の面積の和は，2×(3＋3＋1＋3＋3＋6＋11＋6)＝72(cm²)

こい色のおうぎ形はすべて半径が2cmの円の$\frac{1}{4}$のおうぎ形だから，こい色のおうぎ形の面積の和は，($2×2×3.14×\frac{1}{4}$)×6＝6×3.14＝18.84(cm²)

太線の部分の面積の和は，($1×1－1×1×3.14×\frac{1}{4}$)×2＝2－$\frac{1}{2}$×3.14＝0.43(cm²)

よって，求める面積は，72＋18.84－0.43＝**90.41**(cm²)

5 【解き方】問題の図の例は，合同な4つの直角二等辺三角形で囲むことでななめの正方形を作っているが，直角二

等辺三角形でなくても，合同な４つの直角三角形で囲むことでななめの正方形を作ることができる。

25個の点が１cm間隔で並んでいるものとする。

１辺が１cmの正方形が４×４＝16(通り)できる。１辺が２cmの正方形は３×３＝９(通り)できる。

１辺が３cmの正方形は２×２＝４(通り)できる。１辺が４cmの正方形は１通りできる。

問題の図と合同な正方形は，対角線が交わる点の位置を図Ⅰの太線の内部に置くことができるので，３×３＝９(通り)できる。

図Ⅰ

問題の図の正方形を２倍に拡大した正方形(対角線の長さが４cmの正方形)は，対角線が交わる点の位置を図Ⅰの×印に置くことができるので，１通りできる。

また，図Ⅱと図Ⅲの正方形を４個ずつ，図Ⅳと図Ⅴの正方形を１個ずつ作ることができる。

図Ⅱ 　図Ⅲ 　図Ⅳ 　図Ⅴ

以上より，全部で，

16＋9＋4＋1＋9＋1＋4×2＋1×2＝**50(通り)**

6 (1)　グラフより，Bの底面を35cm沈めるのに70秒かかっているので，毎秒 $\frac{35}{70}$cm＝**毎秒0.5cm**

(2)　**【解き方】**水が入っていない部分の容積に注目する。

14秒後にBは0.5×14＝7(cm)下がっていて，Aの上_{じょうたん}端から5＋7＝12(cm)沈んでいる。このとき初めて水の深さが40cmになったのだから，右図のような状態である。右図の②の容積は，最初のAの中の水が入っていない部分の容積と等しい。

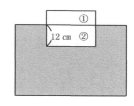

これらの高さの比が12：5なので，底面積の比はこの逆比の5：12である。

よって，Bの底面積はAの底面積の $\frac{5}{12}$ 倍だから，30×60× $\frac{5}{12}$ ＝**750(cm³)**

(3)　**【解き方】**(2)の①の部分を水の中に入れたことで水があふれたから，あふれた水の体積は，①の容積と等しい。

(2)の①の高さは20－12＝8(cm)だから，あふれた水の体積は，750×8＝**6000(cm³)**

(4)　⑦は(2)の①の部分がすべて水の中に入ったときだから，⑦＝14＋8÷0.5＝**30(秒)**

この後，Bを沈めていくにしたがって，水が少しずつBの中に入ることで水面が下がっていく。Bの中の水面はそれにつれて上がっていき，⑦は２つの水面の高さがちょうど同じになったときである。このとき，水面の高さはBの底がAの底についたときの水面の高さと等しく，右図のような状態である。

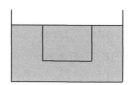

右図の水面の高さは5cmよりもさらに，あふれた水の高さの分だけ低い。

あふれた水の高さは，$\frac{6000}{30×60}＝\frac{10}{3}$(cm)だから，Bの底が沈んだ深さは，$\frac{10}{3}＋20＝\frac{70}{3}$(cm)である。よって，⑦＝$\frac{70}{3}$÷0.5＝$\frac{140}{3}$＝**46$\frac{2}{3}$(秒)**

═══════ 《Ａ日程　国　語》 ═══════

一　問一．a．調整　b．断る　c．候補　d．位置　e．体操　f．忘れる　g．過激　h．存在
　　問二．A．オ　B．ア　C．ウ　D．イ　E．カ　F．エ　　　問三．自分の腕前を知らしめたいために、ピアノの
お披露目会に松葉を招待してきたところ。　　　問四．自分には縁のない非日常的なティーパーティーに初めて参加
するチャンスができたから。／紗英という、学校や家族とまったく接点のない自分だけの知り合いができて、ワク
ワクするから。　　　問五．パーティーのためにコーディネートしていたシャツをクリーニングに出されてしまい、
お母さんのババくさいブラウスを着ることになった。／手土産として持って行くつもりでお小遣いで買ったクッキ
ーを父親に食べられてしまい、家にあった水ようかんを手土産にすることになった。　　　問六．水ようかんはパー
ティーの手土産としてはふさわしくなく、渡すのを恥ずかしく思っているから。　　　問七．子どもだけのお茶会だ
と思っていたのに、大人のお茶会に子どもが二人だけという状況に緊張したから。　　　問八．紗英は松葉がこのピ
アノとつながっていて、大切にされたピアノも想いの深い松葉とつながっていたいだろうと考えているから。
問九．自分が一流のピアニストだ

二　問一．a．遺産　b．混じっ　c．似　d．簡単　e．適応　f．予測　g．過程　h．総体
　　問二．A．エ　B．オ　C．ア　D．イ　E．ウ　　　問三．ア．生物のモデル　イ．新築　　　問四．A．ア，カ
　B．ウ，オ　C．イ，エ　　　問五．かよわいはずの生物が三八億年ほど前に誕生してから絶滅することなくずっと
続いていること。　　　問六．法隆寺…壊れてきたら直し、また壊れてきたら直しをして続いてきた。
伊勢神宮…二〇年ごとにそっくり同じものを隣に建て替えることで続いてきた。　　　問七．建物は決まった形と機
能を持っていて、そこは生物と同じだから。　　　問八．新しい環境でも生き残る可能性が高く　　　問九．子供は私
であると見なし、親子で違っている点は私の多様性の一部と見る。

═══════ 《Ａ日程　算　数》 ═══════

1　(1)127　　(2)8.01　　(3)$\frac{1}{3}$　　(4)$7\frac{1}{2}$

2　(1)50　　(2)730　　(3)19　　(4)19　　(5)ア．5.5　イ．8.3

3　(1)A．分速40m　C．分速35m　※(2)10時　※(3)500m

※4　(1)73番目　　(2)311

5　右図

6　(1)3600㎠　※(2)㋐36　㋑32　㋒30　※(3)①6　②10　③$10\frac{5}{7}$

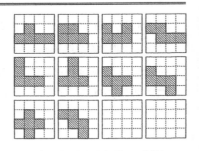

※の式または考え方は解説を参照してください。

問1　(1)イ　(2)ウ　(3)エ　(4)エ　(5)エ　(6)エ　(7)イ　(8)ア　(9)ア，イ，ウ　(10)ア，イ　(11)ウ，エ

　　　(12)ア，ウ，オ

問2　(1)ウ　(2)ア　(3)①N　②地球が一つの磁石となっていて，また，北極付近にS極があるから。

　　　(4)①(A)ア，エ　(B)ウ　②ウ　③(A)小さい磁石がバラバラの方向を向いていくから。　(B)(a)イ　(b)ウ

問3　(1)ウ　(2)ウ

問4　(1)3.8 mm　(2)イ　(3)エ　(4)①6.9 mm　②20℃　③エ　(5)鉄骨の一部だけが太陽光であたためられると鉄

　　　骨が曲がってしまって，全体がまっすぐにならないから。　(6)①あえん　②ア

問5　(1)ウ　(2)エ　(3)ア　(4)ア　(5)①エ　②ア　③イ　④イ　⑤(A)ウ　(B)ウ

　　　(6)①イ　②イ　③ウ　④ウ　⑤ア

一　問一．a．気配　b．従者　c．破つ　d．護衛　e．夕暮れ　f．機知　g．預け　h．幸い

　　i．給料　j．一件

　　問二．A．ア　B．キ　C．カ　D．イ　E．ウ　F．オ　G．エ　問三．命をねらう。　問四．ア．檜垣の

　　そばに立っていた　イ．大路を通っていた　問五．明後日、自分の家来の手引きで、自分の家に盗人が押し入っ

　　てくること。　問六．盗みの手引きをしている家来に用事を命じてよそへ使いにやっている間。　問七．忠理

　　が事前に、自分の家の中の家財道具を一切合切ひそかに外に運び出していたから。　問八．自分の思ったとおり

　　に事が運んだから。　問九．最初…すぐに　最後…え出る　問十．何もないこの家にいても、ろくに給料も出

　　してくれそうにない、と思ったから。　問十一．ア．a　イ．c

二　問一．a．停止　b．当然　c．成熟　d．点灯　e．時刻　f．否定　g．平均　h．備わつ

　　問二．A．ウ　B．オ　C．イ　D．エ　E．ア　問三．クルマエビは日中砂に潜り身を隠す習性があるので、

　　（砂があると）姿が見えなくなってしまうから。／（砂があると）糞や餌の残りが砂の中に溜まるため、次第に底質

　　が悪化してしまうから。／日中にエビを水槽からサンプリングするときに、（砂があると）砂の中から探し出すのに

　　苦労するから。　問四．水槽に砂がないのに砂に潜るときと同じように腹肢を激しく動かし続け、腹肢に擦り傷

　　ができてしまい、そこから侵入した細菌が体内で増殖して、その結果、すべてのクルマエビが死んでしまったこと。

　　問五．クルマエビが死んだふりをしたのか、それとも突然死をしたのか、ということ。　問六．魚の眼は動きを

　　止めたものには反応しにくいから。　問七．動きのないものにもよく反応する眼を獲得した魚から身を隠すため。

三　①非常識　②かぶる　③地　④あく　⑤おっしゃる　⑥羽

1　(1)110　(2)20　(3)$\frac{1}{5}$　(4)$\frac{1}{4}$

2　(1)37　(2)650　(3)13：11　(4)9　(5)40

※3　565.2 ㎠

※4　(1)9：7　(2)1800m

※5　(1)15 通り　(2)34 通り

※6　(1)6 人　(2)102 人

※の式または考え方は解説を参照してください。

── 《2023　A日程　国語　解説》 ───────

一 問二A　「関心がない」と続くことから、オの「ちっとも」が入る。「ちっとも」は、「ちっとも～ない」と呼応する副詞である。　　**B**　紗英は「自分の耳で新しいの(＝スタンウェイのピアノ)を選びたかった」が、中古とはいえ「この音なら納得できる」と思えるピアノに出合えた。この経緯から、スタンウェイにこだわり、「ずっと」欲しかったことが分かる。よってアが適する。　　**C**　直後に「過激なボリュームダウン」とある。「ピアニッシモ」はピアニッシモよりも「もっと」小さい音を表す。よってウが適する。　　**D**　「聞こえなくても」と続くことから、イの「たとえ」が入る。「たとえ」は、「たとえ～ても」と呼応する副詞である。　　**E**　7行後に「時子さんの消え入りそうな音とは違う」とあることから、「ピアニッシシモ」は、「時子さんのピアノの音色を表すのにぴったりの言葉」であることが分かる。よってカが適する。　　**F**　前後の段落の内容から、時子さんのピアノはすっかり紗英の一部になって、新しい世界を拓いていくのを松葉は感じている。よってエが適する。

問三　松葉は、「紗英は自分が一流のピアニストだと信じている」から、「その腕前を知らしめたい」ために、ピアノの「お披露目会を開くことにし」て、自分を招待してきたと思った。そんな紗英の「自信家」で「強引」なところを、「困った人」と思った。

問四　2～3行前の「松葉の生活では非日常的な、ティーパーティーという言葉に興味をそそられた」と、――2の直後の「学校や家族とまったく接点のない知り合いができたことは～秘密めいて、ワクワクするものだから」より。

問五　直後の「まず～そのうえ」に着目する。一つ目は「完璧なコーディネイトで準備していたシャツを勝手にクリーニングに出されてしまい、着ていく服がなくなった」こと。二つ目は「パーティーの手土産にお小遣いで買っておいたクッキーを、お父さんがいつのまにか食べてしまっていた」こと。

問六　松葉は手土産としてクッキーを用意していた。しかし、それを父親に食べられてしまい、「いただきものの水ようかんを持たされることに」なった。松葉のイメージとして、ティーパーティーに和菓子の「水ようかん」はふさわしくないと思うので、渡すのを恥ずかしく思い、こっそりと、しかも押しつけるように渡すことになったのだ。

問七　「暑くもないのに汗をか」くのは、緊張の表れである。「リビングには数人の大人たちがくつろいでいて、映画の中の貴族のサロンのようにテーブルがセッティングされていた。子どもは二人だけだ」「話が違う。子どもの集まりじゃなかったの。どうしよう」から理由が分かる。松葉が聞いていたものと実際の状況が、あまりにも違っていたのだ。

問八　直後の「松葉は(時子さんのピアノと)つながっているのかも。大切にされた物(＝時子さんのピアノ)だって、想いの深い人(＝松葉)といつまでもつながっていたいんだよね」より、松葉が時子さんのピアノとつながっていて、大切にされたピアノも想いの深い松葉とつながっていたいだろうと紗英は考えているからである。

問九　松葉は、自信家の紗英が「自分が一流のピアニストだと信じているよう」だと思っていたが、生の演奏を聴いて、それは「子ども特有の誇大妄想ではない」「紗英は、本物だ」と感じた。

二 問三　第5段落に「生物にはずっと続いていくための、何か特別な仕掛けがあると考えざるを得ない」とあり、第6段落で「その仕掛けを考える手がかりとして建物を例にとろうと思います」と述べている。この段落から「生物のモデル」として建物を例にした説明が続いている。　　**ア**　法隆寺は「壊れてきたら直し、また壊れてきたら直

しをしていけばいい」という方法はで一三〇〇年も続いている。しかし、「機能が落ちたら生物は生きていけない」から、法隆寺は生物のモデルには使えない。　　イ　「伊勢神宮は二〇年ごとにそっくり同じものを隣に建て替える」方法で一三〇〇年続いて来た。この方法だと、建て替えるたびに新築同様に保たれることになるので、「機能が落ちない」と言える。だから、生物のモデルとして使える。

問四Ａ　「壊れる」という動詞の一部である。よってア・カが適する。　　Ｂ　動詞「食う」に付いた、受け身の助動詞である。よってウ・オが適する。　　Ｃ　「作ることができる」という意味の可能動詞の一部である。よってイ・エが適する。

問五　第5段落の初めに「どうにも不思議」とあり、第4段落の初めに「これってとっても不思議なこと」とあるので、第1〜3段落の内容を指している。「生物は今から三八億年ほど前に誕生しました」「生物は三八億年の間、ずーっと途絶えることなく続いてきた」「この三八億年の間には〜いつ絶滅してもおかしくないような天変地異がいろいろありました」「こんなかよわいものが絶滅もせずに、なぜかずーっと続いている」とある。これらをまとめる。

問六　問三の解説を参照。

問七　第6段落に「建物は決まった形と機能を持っていて、ここは生物と同じです。だから生物のモデルとして使えるんです」とある。

問八　直後の段落で、さらにくわしく説明し、その次の段落の初めに「それはなぜか」とある。その段落の最後に「子供を作る際に、ちょっとだけ違う子を何種類かつくる。するとどれかは新しい環境でも生き残る可能性が高くなります」述べられている。これが──3の理由である。

問九　「こういう見方」とは、直前の「僕は、子供が私だと見なせると思っています。親子で違っている点は私の多様性の一部と」いう見方。これは、最後から4段落目の「生物は自分がずっと生き続けていたいのだが、体にはガタが来るから、定期的に体を更新する。その時に、ちょっと変えて体を作る。そうすればずっと続いていける」という「有性生殖の意味」を自分に置きかえた見方である。

━━《2023　Ａ日程　算数　解説》━━━━━━━━

1　(1)　与式＝23×17−11×2×17＋22×5＝23×17−22×17＋22×5＝(23−22)×17＋110＝17＋110＝**127**

(2)　与式＝2.79÷3.1×8.9＝0.9×8.9＝**8.01**

(3)　与式＝$\frac{12}{17}$×$(3\frac{9}{36}-\frac{28}{36}+\frac{30}{36})$×$\frac{1}{7}$＝$\frac{12}{17}$×$(\frac{117}{36}-\frac{28}{36}+\frac{30}{36})$×$\frac{1}{7}$＝$\frac{12}{17}$×$\frac{119}{36}$×$\frac{1}{7}$＝$\frac{1}{3}$

(4)　与式＝$\{(\frac{12}{10}-\frac{5}{6})×5+\frac{7}{8}\}$×$\frac{36}{13}$＝$\{(\frac{36}{30}-\frac{25}{30})×5+\frac{7}{8}\}$×$\frac{36}{13}$＝$(\frac{11}{30}×5+\frac{7}{8})$×$\frac{36}{13}$＝$(\frac{11}{6}+\frac{7}{8})$×$\frac{36}{13}$＝$(\frac{44}{24}+\frac{21}{24})$×$\frac{36}{13}$＝$\frac{65}{24}$×$\frac{36}{13}$＝$\frac{15}{2}$＝$7\frac{1}{2}$

2　(1)　3の倍数で4の倍数でない整数は、3の倍数から3と4の公倍数、つまり12の倍数をのぞいた数である。1から200までの中に、3の倍数は、200÷3＝66あまり2より、66個あり、12の倍数は、200÷12＝16あまり8より、16個ある。よって、求める個数は、66−16＝**50**(個)

(2)　2本のロープを結ぶと2本分の長さより15×2＝30(cm)短くなる。10本のロープを結ぶと結び目は9個できるから、求める長さは、100×10−30×9＝**730**(cm)

(3)　右図のように記号をおく。折り返した図形だから、三角形ＡＢＥと三角形ＤＢＥは合同である。三角形ＢＣＤは二等辺三角形になるから、角ＢＣＤ＝角ＢＤＣ＝180°−90°−26°＝64°　角ＤＢＣ＝180°−64°×2＝52°だから、角⑦＝(90°−52°)÷2＝**19°**

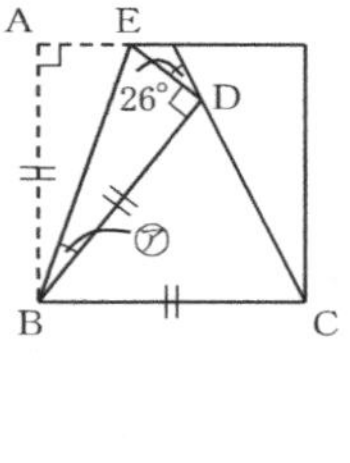

(4) 百の位のカードで場合にわけて考える。

3けたの数は，右の樹形図より，百の位が1の
ときは3＋3＋2＝8（個），百の位が2のとき
は3＋2＋2＝7（個），百の位が3のときは

2＋2＝4（個）できるから，全部で，8＋7＋4＝**19**（個）できる。

(5) 【解き方】食塩水の問題は，うでの長さを濃度，おもりを食塩水の重さとしたてんびん図で考えて，うでの
長さの比とおもりの重さの比がたがいに逆比になることを利用する。容器Bから取り出した7.5％の食塩水を容器
Aに加えるところから考える。

容器Aのア％の食塩水500－200＝300（g）に，容器Bから取り出した7.5％の食塩水
100gを入れると6％の食塩水ができるから，右のようなてんびん図がかける。

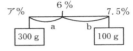

a：bは，食塩水の量の比である300：100＝3：1の逆比に等しくなるので，a：b＝1：3となる。

b＝7.5－6＝1.5（％）だから，a＝1.5÷3＝0.5（％）で，ア＝6－0.5＝**5.5**（％）

同じように，最初に容器Aの5.5％の食塩水200gを容器Bに入れたときの図は，
右図のようになる。a：bは200：500＝2：5の逆比に等しくなるので，

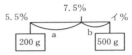

a：b＝5：2となる。a＝7.5－5.5＝2（％）だから，b＝2×$\frac{2}{5}$＝0.8（％）で，イ＝7.5＋0.8＝**8.3**（％）

3 (1) Aは37分30秒＝37$\frac{1}{2}$分で1周するから，Aの速さは，分速（1500÷37$\frac{1}{2}$）m＝**分速40m** AとCは出発して
20分後に出会うから，20分で2人が進む道のりの和が1500mになる。Aは20分で40×20＝800（m）進むから，
Cが20分で進む道のりは，1500－800＝700（m） よって，Cの速さは，分速（700÷20）＝**分速35m**である。

(2) BとCは出発して25分で出会うから，2人が25分で進む道のりの和は1500mである。Cは25分で35×25＝
875（m）進むから，Bが20分で進む道のりは，1500－875＝625（m） よって，Bの速さは，分速（625÷25）m＝
分速25mで，Bは1周するのに1500÷25＝60（分）かかるから，求める時刻は，9時＋1時間＝**10時**である。

(3) 【解き方】20と25の最小公倍数は100だから，AとBとCが最初に出会うのは，出発して100分後である。
左回りに進むのはCだから，Cの100分後の位置Cを考えればよい。Cは100分で，（35×100）÷1500＝2あまり
500より，2周と500m進む。よって，求める地点は，地点Pから左周りに**500m**はなれた所である。

4 (1) 【解き方】1｜1，2，1｜1，2，3，2，1｜…のような最初と最後が1になるグループに区切る。

9がはじめて出てくるのは9番目のグループの9番目である。それぞれのグループに並ぶ整数の個数は，1番目に
1個，2番目に3個，3番目に5個，…だから，1番目から8番目のグループに並ぶ整数の個数の和は，1＋3＋
5＋7＋9＋11＋13＋15＝64（個） よって，はじめての9が出てくるのは，64＋9＝**73**（番目）である。

(2) 【解き方】1番目から□番目のグループに並ぶ整数の個数の和は（□×□）個，それぞれのグループに並ぶ整
数の和は，2番目が1＋2＋1＝4＝2×2，3番目が1＋2＋3＋2＋1＝9＝3×3，…のようになるから，
○番目のグループに並ぶ整数の和は○×○となることを利用する。

7番目のグループの最後の整数が7×7＝49（番目）だから，50番目の整数は8番目のグループの最初の整数で，
10番目のグループの最後の整数が10×10＝100（番目）だから，111番目の整数は，11番目のグループの11番目の
数で11である。8番目と9番目と10番目のグループに並ぶ整数と，11番目のグループの1から11までの和を求
めればよいから，8×8＋9×9＋10×10＋1＋2＋3＋4＋5＋6＋7＋8＋9＋10＋11＝
64＋81＋100＋（1＋11）×11÷2＝**311**

5 横に5個並ぶとき，4個並ぶとき，3個並ぶとき，2個並ぶときでそれぞれ考える。回転させたり，折り返したり

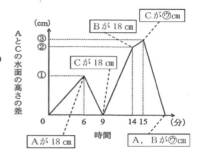

6 【解き方】9分後にAとCの水面の高さの差は0cmになって，15分後から差がだんだん小さくなって最後に0cmになることから，最後は全ての水面の高さが㋒cmになったとわかる。6分後にAの水面の高さは18cmになり，Aに入る水はBに流れる。9分後にCの水面の高さが18cmになり，AとCの水面の高さの差は0cmになる。14分後にBの水面の高さ18cmになり，ここからAとBの水面は上がっていくが，15分後にCの水面の高さが㋒cmになり，Cに入る水がAとBに流れて，最後に全体の水面の高さが㋒cmになったと考えられる。

(1) Aに6分間で入った水の量は，（50×24×18）cm³だから，蛇口から出る水は，毎分（50×24×18÷6）cm³＝毎分3600cm³である。

(2) Cに9分間で入る水の量は，（3600×9）cm³で，水面の高さは18cmになるから，Cの底面積は，3600×9÷18＝1800（cm²）　よって，㋐＝1800÷50＝36

Bには水面の高さが18cmになるまで，水が14－6＝8（分間）入る。したがって，Bの底面積は，3600×8÷18＝1600（cm²）で，㋑＝1600÷50＝32

Cには水面の高さが㋒cmになるまで，水が15分間入る。Cの底面積は1800cm²だから，㋒＝3600×15÷1800＝30

(3) 6分後，Aの水面の高さは18cmで，Cの水面の高さは，3600×6÷1800＝12（cm）だから，①＝18－12＝6

Bの水面の高さが18cmになるまでAの水面の高さも18cmだから，14分後，Aの水面の高さは18cmで，Cの水面の高さは，3600×14÷1800＝28（cm）　よって，②＝28－18＝10

14分を過ぎると，Aの水面も上がっていく。AとBを合わせた50×（24＋㋑）＝2800（cm²）に水が入るから，15－14＝1（分）で，3600÷2800＝$1\frac{2}{7}$（cm）水面が上がる。よって，AとBの水面の高さは，18＋$1\frac{2}{7}$＝$19\frac{2}{7}$（cm），Cの水面の高さは㋒＝30cmだから，③＝30－$19\frac{2}{7}$＝$10\frac{5}{7}$

《2023　A日程　理科　解説》

問1

(1) こん虫のあしは6本である。イのウマオイはバッタのなかまのこん虫である。

(2) ギンヤンマのようなトンボのなかまのよう虫（ヤゴ）は水の中でくらす。

(3) よう虫のときに動物を食べるのはアシナガバチ，シオカラトンボ，ナナホシテントウ，タイコウチである。カイコガとモンシロチョウのよう虫は植物の葉を食べ，クマゼミのよう虫は木の根から樹液をすう。アオムシコマユバチのよう虫はアオムシに寄生する。

(4) コノハチョウとコノハムシのよう虫は植物の葉を食べ，ツクツクボウシのよう虫は木の根から樹液をすう。

(5) オオカマキリは卵，カブトムシ，ベニシジミはよう虫の姿で冬をこす。

(6) チョウが冬をこす姿は，チョウの種類によって卵，よう虫，さなぎ，成虫の4つの場合がある。

(7) コノハムシはからだの形や色を葉に，ナナフシは枝に似せて，うまくかくれることできる。また，コノハチョウが羽を閉じている姿は枯れ葉に見える。

(8) エンマコオロギ，キリギリス，スズムシ，マツムシははねをこすり合わせて鳴く。なお，ヒグラシは，はらをしん動させて鳴き，ゲンジボタルは鳴かない。

(9) エ×…こん虫の6本のあしと4枚のはねはむねについている。なお，はねが2枚のものやはねをもたないものもいる。

(10) モンシロチョウのよう虫はキャベツ，アブラナなどアブラナ科の植物の葉を食べる。なお，アゲハのよう虫は

ミカン，サンショウなどミカン科の植物の葉を食べる。

(11) 卵，よう虫，さなぎ，成虫の順に成長する育ち方を完全変態，卵，よう虫，成虫の順に成長する育ち方を不完全変態という。コアオハナムグリ，ナナホシテントウは完全変態，ショウリョウバッタ，エンマコオロギ，アキアカネは不完全変態をする。

(12) コアオハナムグリは植物の花の花粉やみつ，アブラムシは植物のくきのしる，カブトムシは樹液をえさとする。

問2

(1) ネオジム磁石は自動車のモーターやスマートフォンなど，さまざまなものに使われている。

(2) 磁石につくのは，鉄，コバルト，ニッケルなど一部の金属だけである。スチールは鉄と炭素の合金で鉄を多くふくむので，スチール缶は磁石につくが，アルミ缶は磁石につかない。

(3) 方位磁針の針の色をぬっている側がN極である。

(4)①（A） 方位磁針の小さい磁石の向きが正しくそろうように磁石をこする。磁石のN極とS極が引き合うので，磁石のN極で方位磁針のS極（色をぬっていない側）に向かってこするか，磁石のS極で方位磁針のN極（色をぬっている側）に向かってこする。　　（B）　ウ×…一定方向にこすらないと，方位磁針の小さい磁石の向きがそろわない。　　② 磁石をどの位置で2つに切っても，磁石の中の小さい磁石の向きは左側がN極，右側がS極でそろっているので，左側がN極，右側がS極の磁石が2つできる。　　③（B）　小さい磁石の向きがそろって1周するように，棒磁石の極をイの向きにして，2本の棒磁石と2枚の鉄の板をくっつける。

問3

(1) 表1より，空気が入っているAと水が入っているBのどちらも，実験1で冷やして温度を下げると体積が小さくなり，実験2であたためて温度を上げると体積が大きくなる現象が見られる。

(2) 水を冷やしたときよりも空気を冷やしたときの方が体積の減り方が大きい。

問4

(1) 金属ののびは，金属の長さと温度変化に比例する。表1より，1mの銀の温度を1℃上げると0.019㎜のびるので，20mの銀の温度を30－20＝10（℃）上げると0.019×20×10＝3.8（㎜）のびる。

(2) 鉄道の金属のレールとレールの間にすき間があるのは，夏にレールの体積が大きくなっても，レールがおし曲げられないようにするためである。イの金属でできたガラスびんのふたは，温めると金属の体積が大きくなって金属とガラスびんの間のすき間が広がり，開けやすくなる。

(3) 表1より，1mの鉄を1℃上げると0.012㎜のびるので，25mの鉄の温度を45℃下げると縮んで，すき間が0.012×25×45＝13.5（㎜）できる。

(4)① 表1より，1mのアルミニウムの温度を1℃上げると0.023㎜のびるので，10mのアルミニウムの温度を45－15＝30（℃）上げると0.023×10×30＝6.9（㎜）のびる。　　② 表1より，アルミニウムと銅の1mの棒をそれぞれ1℃上げたときののびる長さの差は0.023－0.017＝0.006（㎜）だから，10mの棒では，0.006×10＝0.06（㎜）である。同じ長さだった2種類の棒の長さの差が0.3㎜になったので，A地点の気温は15℃から0.3÷0.06＝5（℃）上がって15＋5＝20（℃）になったと考えられる。　　③ 気温はB地点の方が高く，アルミニウムの方が銅よりものびやすいので，B地点に置いたアルミニウムでできた棒である。

(6)① バイメタルでは，2種類の金属ののびる長さの差が大きいほど大きく曲がるので，鉄とののびる長さの差が最も大きいあえんを選ぶ。　　② 温度が高くなるほどバイメタルが大きく曲がるので，部屋の温度を高く設定したい場合は，バイメタルの固定具をXの方向に動かして，バイメタルの曲がりが大きくならないとスイッチが切れないようにする。

問5

(1)　太陽は東（ a ）の地平線からのぼり，南（ b ）の空で最も高くなって，西（ c ）の地平線にしずむ。

(2)　かげの長さは太陽の高度が高いほど短くなる。太陽の高度が最も高くなる 12 時ごろに，かげの長さは最も短くなる。

(3)　太陽が真南の空で最も高くなるときの高度（南中高度という）は，夏至の日（ 6 月 20 日ごろ）に最も高くなり，冬至の日（12 月 20 日ごろ）に最も低くなる。よって，7 月 1 日の太陽の位置は 1 月 1 日よりも高いアである。

(4)　(3)解説より，6 月のかげの長さが最も短く，12 月のかげの長さが最も長いアが正答となる。

(5)①　月は太陽の光を反射して光って見えるので，図 2 の月の左側の方に太陽があると考えられる。よって，月の位置はエである。　　②　新月→三日月（約 3 日後）→上弦の月（約 7 日後）→満月（約 15 日後）→下弦の月（約 22 日後）の順に満ち欠けし，約 29.5 日後に新月にもどる。図 2 は 2 〜 3 日後に新月になる月，図 4 は三日月に近い形をした月だから，1 月 1 日の約 6 日後の 1 月 7 日ごろである。　　③　月の形から月の出の時刻を考えることができる。新月のとき，月の出と日の出の時刻はほぼ同じで，月の出は 1 日に約 50 分ずつおそくなるので，図 4 の月の出の時刻はイの 10 時半ごろである。

④　図 4 の月は右側が少しだけ光っているので，イの方向から太陽の光が月を照らしていると考えられる。

⑤（A）　太陽が西の空にあるので，夕方である。　　　（B）　月と太陽が反対の方角に見えるので，図 5 で地球から見て月と太陽が反対の方向にあり，オの方向からの太陽の光によって月が円形に光って見える満月（ウ）である。

(6)①②　太陽，地球，月の順に一直線にならび，地球のかげに月が入る現象を月食という。2022 年 11 月 8 日の月食では，18 時ごろから月がかけ始めた。月食は満月のときに起こり，満月は 18 時ごろに東の空に，24 時（ 0 時）ごろに南の空に，6 時ごろに西の空にあるので，18 時ごろに東の空で月が欠け始めたと考えることができる。　　③　皆既月食では月に地球のかげがかかって赤茶色に見える。　　④　2022 年 11 月 8 日には，皆既月食と同時に天王星が月のうしろにかくれるわく星食も観察できた。　　⑤　(6)①②解説より，皆既月食のとき，太陽，地球，月の順に一直線に並んでおり，地球から見て天王星は月のうしろにかくれたので，アが正答となる。

― 《2023　Ｂ日程　国語　解説》 ―

一　**問二Ａ**　主人が「『誰かいるか』と声をかければ」、すぐに「ここにおります」と返事をする従者は頼（たの）もしい（＝信頼できる。頼みにできて心強い）。よってアが適する。　　　**Ｂ**　「どこかの家に押し入って盗（ぬす）みを働く相談をしているのだった」より、キの「ひそひそと」が適する。　　　**Ｃ**　忠理（ただまさ）は、ちょうど（＝都合よく）「ここに寝（ね）ていたおかげで、こんなに大事な話を聞くことができた」。よってカが適する。　　　**Ｄ**　「家からしのび出て」と続くので、イの「そっと」が適する。　　　**Ｅ**　「近所に火事が起こった。延焼（えんしょう）したら大変だ、（　Ｅ　）家の中の家財道具を外へ出さなければ」という状況（じょうきょう）なので、ウの「いそいで」が適する。　　　**Ｆ**　ア・イ・ウ・オのいずれかが入ると考えられるが、アは（　Ａ　）に、イは（　Ｄ　）に、ウは（　Ｅ　）に入るのが最も適当であるため、オが適する。　　　**Ｇ**　「家財道具をよそにあずけておいて」「必要な物を必要なときに取り寄せて使うというの」は、ずいぶん（＝かなり）「不便だったろうと思われる」ので、エが適する。

問三　忠理は、「私の命をねらうような敵も思い当たらないし」、足音を立てている人物は、自分（＝忠理）ではなく「この家の主（あるじ）」の命をねらおうとしている者かもしれないと考えた。

問四　直前の「そのとき、檜垣（ひがき）のそばに立っていた者が口ぶえを吹（ふ）くと、大路を通っていた者が立ち止まり、忍（しの）び声で『あなたは誰それ殿（どの）ですか』と問う」より。　　**ア**　問いかけたのが大路を通っていた者なので、「そうだ」と答えたのは檜垣のそばに立っていた者。　　**イ**　「そうだ」という返答を聞いて「近寄って来た」のは大路を通っていた者。

問五　3行前の「その話」から「わかった」ことが「大事な話」の具体的な内容である。「彼らは自分の家に押し入ろうとしている盗人（ぬすっと）で、しかも、そこにいる一人は自分の家で召（め）し使っている者で、その男が盗みの手引き役をうけ負っている」「『では、明後日～必ず来てください』などと約束」から、要点をまとめる。

問六　「その間」の「その」は、直前にある内容を指す。「その（＝盗みの）手引きをしている家来」に、「用事を命じてよそへ使いに」やっている間である。

問七　――4の直後にあるように、手引きをしている家来をよそへ使いにやっている間に、忠理が「自分の家の家財道具を一切合切（いっさいがっさい）ひそかに外に運び出した」からである。「めぼしいもの」とは、「ましなもの」の意。

問九　第4段落の初めの「このごろの人」と同じ。「このごろの人」だったら、忠理のようにそつなく（＝手抜かりなく。むだなく）やることはできないだろうということ。おそらく「すぐに護衛の者たちを呼び集め～検非違使長（けびいしちょう）の長官や役人に訴（うった）え出るに違（ちが）いない」と筆者は書いている。

問十　3～5行前の家来の会話から分かる。家財道具はよそにあずけてあるから家の中が空っぽなのだが、それを知らない家来たちは唐櫃（からびつ）の中でさえも空っぽなのを見て、「この家は本当に何もない家だな～ここの主人では、ろくに給料も出してくれそうにないぞ」と思い込んで「逃（に）げていってしまった」のだ。

問十一ア　「このごろ」は、「最近」という意味なので、ａの「この本が編集されたころ」（＝平安時代の終りごろ）が適する。　　　**イ**　「このころ」は「昔、筑後前司（ちくごのぜんじ）源（みなもとの）忠理という人がい」て、このような出来事があったころを指すので、ｃの「忠理が生きていたころ」が適する。

二　**問三**　――1のある一文は、「そこで～砂を敷き詰めていない水槽（すいそう）で飼育してみた。」なので、前の段落に理由が述べられていると推定される。「クルマエビは明るい日中（にっちゅう）は、砂に潜（もぐ）り身を隠（かく）す習性を持っている。そのため～水槽に砂を敷き詰めた場合、日中その姿（すがた）が見られない」「糞（ふん）や餌（えさ）の残りが砂の中に溜（た）まるため、次第に底質が悪化し、

その影響がクルマエビにも及んでくる」「日中にエビを水槽からサンプリングしたいと思っても、砂の中に潜っているため、〜探し出すのがひと苦労である」から、要点をまとめる。

問四 「どのような行動」をしたのかは、直後の「水槽の底には砂がないにもかかわらず、クルマエビが砂に潜る時と同じように、腹肢を激しく動かしはじめた」「クルマエビは腹肢を激しく動かし続けている」から分かる。「どうなったことを言ってい」るかは、直後の段落の最後の３行の「砂がない状態で腹肢を激しく動かし続けると、水槽の底に腹肢の先端が当たり擦り傷ができる。この傷は〜さらに深くなる。死亡した原因は〜傷口から侵入したビブリオ菌などの細菌が、体内で増殖したためである」から分かる。問われていることに対して、過不足なく要点をまとめる。

問五 直前の「クルマエビが死んだふり？　と咄嗟に思ったが、突然死した可能性も否定できない」とあることから、筆者は、クルマエビが死んだふりをしているのか、突然死したのか、そのいずれであるかを確かめることにしたということが分かる。

問六 直前の段落に説明されている。クルマエビが死んだふりをするのは、「クルマエビが死を装って動きを止めると、エビを好んで捕食する魚の目に止まる機会が減る」からである。それは「魚の眼は、動く物体に対してよく反応するが、動きを止めた物体には反応しにくいという特徴を持っている」からである。

問七 続く部分に「こうしたことを反映して備わったのではないか」とあり、ここにある「こうしたこと」が指す内容を前から探す。「その後、捕食者たる魚の一部に、死んだ動物の死骸も食べるものが出現した。この魚は、とうぜんのことながら動きのないものにもよく反応する眼を獲得したと思われる。生きたものだけでなくさまざまな動物の死骸も食べる習性を持つクロダイの成魚が〜麻酔で動きが止まったクルマエビをすぐに見つけ出すことを〜何度も観察している」「クロダイのような海底に沈んだ動物の死骸も漁る魚が出現したことによって」、クルマエビは砂に潜って身を隠すようになったのである。

—《2023　Ｂ日程　算数　解説》—

1 (1)　与式＝98＋1068÷(233−144)＝98＋1068÷89＝98＋12＝**110**

(2)　与式＝375×$\frac{4}{10}$−$\frac{299}{10}$÷$\frac{23}{100}$＝375×$\frac{4}{10}$−$\frac{299}{10}$×$\frac{100}{23}$＝150−130＝**20**

(3)　与式＝$\frac{1}{4}$−$\frac{18}{10}$×($\frac{140}{120}$−$\frac{105}{120}$−$\frac{24}{120}$)÷$\frac{33}{10}$＝$\frac{1}{4}$−$\frac{18}{10}$×$\frac{11}{120}$×$\frac{10}{33}$＝$\frac{1}{4}$−$\frac{1}{20}$＝$\frac{5}{20}$−$\frac{1}{20}$＝$\frac{4}{20}$＝$\frac{1}{5}$

(4)　与式より，$\frac{2}{7}$×(□＋$\frac{1}{3}$)÷$\frac{1375}{1000}$＝$\frac{2}{3}$−$\frac{55}{10}$　　$\frac{2}{7}$×(□＋$\frac{1}{3}$)＝$\frac{2}{3}$×$\frac{2}{11}$×$\frac{11}{8}$　　□＋$\frac{1}{3}$＝$\frac{1}{6}$÷$\frac{2}{7}$

□＝$\frac{1}{6}$×$\frac{7}{2}$−$\frac{1}{3}$＝$\frac{7}{12}$−$\frac{4}{12}$＝$\frac{3}{12}$＝$\frac{1}{4}$

2 (1)　ＡとＢに配られた個数をそれぞれa個，b個とする。a，aの２倍，bの２倍の合計が191＋5＋53＝249(個)だから，a×3＋b×2＝249である。b＝a×2−5だから，a×3＋(a×2−5)×2＝249　a×7−10＝249　よって，a＝(249＋10)÷7＝**37**(個)

(2)　売れ残った20個を値下げせずに定価で売ると，80個分の利益は，18000＋140×20＝20800(円)になる。1個あたりの利益は20800÷80＝260(円)で，これは原価の4割だから，原価は，260÷0.4＝**650**(円)

(3)　右図のように記号をおく。㋐を面積が等しい部分に移動すると，三角形ＡＤＧと三角形ＢＤＦと三角形ＣＤＥは同じ形の三角形だから，ＡＧ：ＢＦ：ＣＥ＝ＤＧ：ＤＦ：ＤＥ＝7：6：5である。台形㋐と台形㋑の高さはＦＧ＝ＥＦで等しいから，面積の比は，(6＋7)：(5＋6)＝**13：11**である。

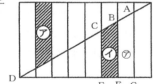

⑷　【解き方】つるかめ算を利用する。

正五角形と正三角形は合わせて，35－（7＋6）＝22（個）できて，使うマッチ棒は，150－（6×7＋4×6）＝

84（本）である。正三角形を22個作ったとすると，使うマッチ棒は3×22＝66（本）になり，実際より84－66＝

18（本）少ない。正三角形1個を正五角形1個におきかえると，使うマッチ棒は5－3＝2（本）多くなるから，正五

角形の個数は，18÷2＝**9**（個）である。

⑸　【解き方】放出した水は，満水の水槽の水と空になるまでに注がれた水の合計だから，毎分14Lと毎分20L

で放出したときの差から，水が注がれる割合と満水の水槽の水の量がわかる。

毎分14Lで24分放出したときと，毎分20Lで15分放出したときの水の量の差は，14×24－20×15＝36（L）だか

ら，24－15＝9（分）で36Lの水が注がれたことになる。したがって，水が注がれる割合は，毎分（36÷9）L＝毎

分4Lで，毎分20Lで放出すると水槽の水は毎分20－4＝16（L）ずつ減り，15分で水槽は空になるから，満水の

水槽の水の量は，16×15＝240（L）　　　よって，毎分10Lで放出すると水槽は240÷（10－4）＝**40**（分）で空になる。

3　【解き方】できる立体は右図のような半径6cm，高さ3＋4＝7（cm）の円柱から，半径3cm，

高さ3cmの円柱と半径3cm，母線の長さが5cmの円すいをくり抜いた形になるから，表面積は，

半径6cmの円の面積，半径6cmの円から半径3cmの円をのぞいた面積，半径6cm，高さ7cmの

円柱の側面積，半径3cm，高さ3cmの円柱の側面積，半径3cm，母線の長さが5cmの円すいの

側面積の和である。

半径6cmの円の面積と，半径6cmの円から半径3cmの円をのぞいた面積の和は，6×6×3.14＋

6×6×3.14－3×3×3.14＝（36＋36－9）×3.14＝63×3.14（cm²）　　半径6cm，高さ7cmの円

柱の側面積は，6×2×3.14×7＝84×3.14（cm²）　　半径3cm，高さ3cmの円柱の側面積は，

3×2×3.14×3＝18×3.14（cm²）　　半径3cm，母線の長さが5cmの円すいの展開図は右図のよ

うになる。側面のおうぎ形の曲線の長さは底面の円周に等しく，3×2×3.14＝6×3.14（cm）おうぎ形の面積

は$\frac{1}{2}$×（曲線の長さ）×（半径）で求められるから，この円すいの側面積は，$\frac{1}{2}$×6×3.14×5＝15×3.14（cm²）

なお，円すいの側面積は，（底面の半径）×（母線の長さ）×3.14で求めることができるので，側面積は，

3×5×3.14＝15×3.14（cm²）と求めることもできる。

よって，求める表面積は，63×3.14＋84×3.14＋18×3.14＋15×3.14＝（63＋84＋18＋15）×3.14＝

180×3.14＝**565.2**（cm²）

4　⑴　【解き方】同じ時間だけ進むとき，速さの比と進む道のりの比は等しい。

兄と妹がすれちがってから，兄が家に着くまでの時間で，兄は990m，妹は1760－990＝770（m）進んだから，兄と

妹の速さの比は，990：770＝**9：7**である。

⑵　【解き方】妹と兄が同時に出発してすれちがうまでに進んだ道のりの比は7：9だから，公園から2人がすれ

ちがった地点までの道のりを⑦，すれちがった地点から学校までの道のりを⑨として，家から2人がすれちがった

地点までの990mの道のりを同様に表す。

家から公園までの道のりと公園から学校までの道のりの比は，1：（5－1）＝1：4で，公園から学校までの道の

りは⑦＋⑨＝⑯だから，家から公園までの道のりは，⑯÷4＝④となる。したがって，家から2人がすれちがっ

た地点までの990mは，④＋⑦＝⑪にあたるから，家から学校までの道のりは，990×$\frac{4＋7＋9}{11}$＝**1800**（m）

5　⑴　下から1段目，2段目，…とすると，輪が2つ並ぶ

2つの段の選び方を考えればよい。右の樹形図より，

2つの段の選び方は，5＋4＋3＋2＋1＝**15**（通り）

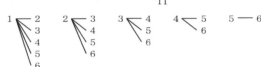

(2)　縦に8つ並べる並べ方は1通りである。縦に7つ並べるとき，2つ並ぶ段が1段だけある。1つの段の選び方は7通りだから，並べ方は7通りである。縦に6つ並べる並べ方は，(1)より，15通りである。縦に5つ並べるとき，2つ並ぶ段が3段あり，1つ並ぶ段が2段ある。2つの段の選び方は，(1)と同じように考えると，$4+3+2+1=10$（通り）あるから，並べ方は10通りである。縦に4つ並べるとき，それぞれの段に2つずつ並ぶから，並べ方は1通りである。よって，並べ方は，全部で，$1+7+15+10+1=$ **34(通り)**

6　(1)　**【解き方】ペア券の内訳を大人800円，子ども500円と考える。**
　大人の入園料の売り上げは，$9700-500×9=5200$（円）　大人の入園料は1000円か800円だから，5200円になる組み合わせは800円が4枚と1000円が2枚である。よって，入園した大人の人数は，$4+2=$ **6(人)** である。
　(2)　(1)と同じように，ペア券の入園券は大人が800円，子どもが500円として考える。売り上げが15万円のとき，大人の入園料の売り上げは，$150000-500×118=91000$（円）　全員が1000円で入園したとすると，大人は，$91000÷1000=91$（人）　実際は800円で入園した人数の方が多いから，売り上げの金額が変わらないように1000円で入園した4人を800円で入園した5人におきかえると，1000円で入園した人数と，800円で入園した人数の差が$4+5=9$（人）ずつ小さくなる。$91÷9=10$あまり1より，10回おきかえると，1000円で入園した人が$91-4×10=51$（人），800円で入園した人が$5×10=50$（人）となる。800円で入園した人数の方が多いから，1000円で入園した人が$91-4×11=47$（人），800円で入園した人が$5×11=55$（人）とすると，子ども1人券は$118-55=63$（枚）でペア券より多いから条件に合う。1000円で入園した人が$91-4×12=43$（人），800円で入園した人が$5×12=60$（人）とすると，子ども1人券は$118-60=58$（枚）でペア券より少なくなるから条件に合わない。
　よって，求める大人の総人数は，$47+55=$ **102(人)** である。

━━━━━━━━━━ 《Ａ日程　国　語》 ━━━━━━━━━━

一　問一．a．移る　b．筆頭　c．謝罪　d．視力　e．機能　f．支障　g．参観　h．吸い

i．磁石　j．不気味〔別解〕無気味　　問二．A．ア　B．ウ　C．エ　D．イ　E．カ　F．オ

問三．ア．悪がき　イ．目が見えないから　　問四．A．オ　B．ウ　C．ア　D．カ　E．キ　F．エ　G．イ

問五．六年生　　問六．初めて会っ　　問七．母親の目が見えないことをいいことに、子どもが悪さをしている／目が見えない母親だから、満足に子どもを育てられない　　問八．寂しさ…家にこもりがちになり、それまでかかさず来てくれていた授業参観にも、運動会にも来てくれなくなったことに対する寂しさ。　悔しさ…母親が自身に対する世間の評価に対して、何も言い返さなかったことに対する悔しさ。　　問九．母親は自らのハンディをバリケードにしながらおれを責めることで、自分だけ助かろうとしている。　　問十．母親が全盲だということも知らずに、「おまえが頑張っている姿を見たら、お母さんも喜ぶぞ」と言った点。　　問十一．ラジオ中継であれば、自分の頑張りを全盲の母親にも聞いてもらえるということ。

二　問一．a．複数名　b．勤務　c．増やし　d．誕生　e．自画像　f．墓　g．遺書　h．大規模

問二．A．エ　B．ア　C．イ　D．ウ　E．オ　F．カ　　問三．A．ウ　B．ア　C．イ　D．ア　E．ウ　F．イ　　問四．自分のイメージと他の人のイメージは必ずしも一致していないということ　　問五．その季節に印象的な出来事があった場合。　　問六．ソメイヨシノはすべてが同じ特徴を持つため、同じ地域で同じ環境に育っていれば、一斉に咲いて一斉に散るから。　　問七．ソメイヨシノに比べてピンク色が濃く、ずいぶん早い１月から２月あたりに咲き、開花期間も長いこと。　　問八．時が来たら潔く散ること。　　問九．春は出会いの季節であり、恋の季節というイメージを持っていたと考えられるから。

━━━━━━━━━━ 《Ａ日程　算　数》 ━━━━━━━━━━

1　(1)356　　(2)4　　(3)$\frac{4}{5}$　　(4)15

2　(1)10　　(2)5800　　(3)25　　(4)150　　(5)22.5

※3　37 通り

4　(1)(ウ)　　※(2)47.1 ㎝

※5　(1)毎分 960 ㎤　　(2)⑦32　④16　　(3)1 回目…10 分後　　2 回目…20.5 分後

6

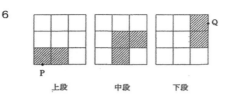

Ｐ　　　　中段　　　　下段
上段

※の式または考え方は解説を参照してください。

問1　(1)ア　　(2)ウ　　(3)①精子　②受精　　(4)ウ　　(5)ア　　(6)エ　　(7)①エ　②ア

問2　(1)オ　　(2)①ウ　②ウ　③イ　　(3)ア　　(4)エ　　(5)①台風の目　②エ　　(6)イ　　(7)イ　　(8)イ　　(9)台風の
　　　進む方向と台風の風の向きが同じになり，特に強い風がふくため。　　(10)ア，ウ，エ　　(11)①雨　②水　③熱

問3　(1)エ　　(2)イ　　(3)イ，ウ，エ　　(4)ア　　(5)[実験1]二酸化炭素　[実験2]砂糖　　(6)ア　　(7)ウ
　　　(8)ウ，エ　　(9)イ　　(10)イ　　(11)ウ

問4　(1)イ　　(2)ウ　　(3)エ

問5　(1)直列つなぎ　　(2)①2　②1.5　③2　　(3)スタート→オン⑤→オフ③→オン②→オフ→エンド
　　　(4)①エ　②スタート→｛5｜(オン②→オフ①)｝→エンド
　　　(5)スタート→｛2｜(オン①→オフ①→オン①)｝→オフ→エンド　　(6)S．イ　T．エ　　(7)S．ウ　T．ウ
　　　(8)ウ

一　問一．a．連中　b．石段　c．祭り　d．喜び　e．家門　f．資産家　g．見当　h．後年
　　問二．A．エ　B．オ　C．ア　D．イ　E．ウ　　問三．ア．こし　イ．頭　ウ．顔　エ．指　オ．耳　カ．首
　　キ．口　　問四．小さいこどもは夢と現実がしばしば入りまじる　　問五．養魚場からとってきた魚を魚屋に持っ
　　ていったら、十銭くれたこと。　　問六．ぼくを遠ざけ　　問七．始め…養魚場の魚　終わり…はいけない
　　問八．本当のことを話してすぐ謝った。　　問九．おばあさんの言ったことを伝えると後は何も言わなかったこと。
　　問十．「ネコのくそ」のいじめ　　問十一．彼が私というイトコがいることを息子に言わなかったこと。

二　問一．a．蔵書　b．案外　c．評価　d．寄付　e．沿つ　f．道徳　g．特上　h．味気
　　i．構成　j．愛着　　問二．A．オ　B．ア　C．エ　D．イ　E．ウ　　問三．日本人は、　　問四．日本
　　…日本は家がまずあって、その間を道が抜けていくので、道は単なるブロックを分かつ空間であると考えるから。
　　アメリカや中国…道が先にあって、その周りに家ができて、町ができるから。　　問五．ウ　　問六．旅館…それ
　　らしく美しい名前がついていて、情緒が感じられる。　ホテル…系統的でわかりやすく便利である。　　問七．個
　　別性を認める　　問八．40年前から山の家を作って夏を過ごしたり、図書館に蔵書を引き取ってもらったりしたか
　　ら。　　問九．気恥ずかしい　　問十．その国の文化の姿勢として、何を大切に考えるのかということ。

1　(1)600　　(2)21.7　　(3)$\frac{11}{12}$　　(4)$1\frac{1}{2}$

2　(1)12　　(2)169　　(3)14　　(4)0.84　　(5)275

※3　(1)256 cm²　　(2)$4\frac{4}{15}$cm

4　(1)⑦300　⑦400　⑨8　　※(2)2400m　　※(3)分速 160m

※5　(1)12番目　　(2)220002

※6　212枚

※の式または考え方は解説を参照してください。

←解答例は前のページにありますので，そちらをご覧ください。

── 《2022　Ａ日程　国語　解説》 ──────────

一 **問三ア**　この前の部分に、夜更けの公園で爆竹を鳴らす、線路に置き石をするといった悪質ないたずらをしてきたことが書かれているから、──ｃの直前の「悪がき」が適する。「筆頭（格）」は、ある範囲のなかで一番のこと。

イ　直後で、いたずらをすると瞬太だけ「瞬太君のお母さんは、│ イ │」と言われるのは、「母親の目が見えないことをいいことに、子どもが悪さをしていると言いたいのか、目が見えない母親だから、満足に子どもを育てられないと言っているのかはわからなかったが」と説明しているので、「目が見えないから」が入る。担任の先生に携帯電話をかけていた母親自身が「瞬太のいたずらが過ぎるのは、私の目が見えないからでしょうか」と言っていたのを参照。

問四Ａ　「だ」は「断定」の助動詞。　　　**Ｂ**　「れる」は、「受け身・尊敬・可能・自発」の助動詞。この場合は交番から「呼ぶ」という動作を受けているので、「受け身」の意味。　　**Ｃ**　「た」は、「過去・完了・存続・確認」の助動詞。この場合はすでに動作が済んだことを表しているので、「過去」の意味。　　**Ｄ**　「らしい」は、「推定」の助動詞。　　**Ｅ**　「ようだ」（「ような」は連体形）は、「たとえ・推定・例示」の助動詞。この場合は監督を熊にたとえているので、「たとえ」の意味。　　**Ｆ**　「せる」は、「使役」の助動詞。人に何かをさせるという意味。　　**Ｇ**　この場合は、「貼られた」という状態が今も続いていることを表しているので、「存続」の意味。

問五　「瞬太が小学校六年生のとき」に「決定的なこと」（──4の2行後）が起こり、そのせいで、瞬太は荒れていたずらが激しくなっていった。そして、バス停の位置をずらすいたずらをして交番に呼び出され、その帰りに教頭先生に陸上をすすめられた。よって、このときの瞬太は「六年生」である。

問六　高校の陸上部の監督、熊沢と話している場面から、──2で過去の説明に変わり、瞬太がいたずらをするようになった経緯が書かれている。（　Ｅ　）（　Ｆ　）をふくむ、「だからますます荒れた。母とはほとんど口をきかなくなった」は陸上をすすめられる前の話で、直後の「初めて会った熊沢は、事情を知らなかったのか」にまた熊沢が出てくるので、ここで元の場面に戻っている。

問八　「悔しさ」については、──3をふくむ「だが、それよりも悔しかったのは、そんな世間の評価に対して母親が、なにも言い返さなかったことだ」から、「寂しさ」については、──4の直前の「家にこもりがちになり〜運動会にも来てくれなくなった」からまとめる。

問九　直後の段落の「母親は自らのハンディをバリケードにしながら、おれを責めている」「母親は、自分だけ助かろうとしている」からまとめる。

問十　──6の前の「事情」とは、瞬太の母親が全盲だということ。──2と、その1〜3行前の熊沢とのやりとりを参照。

二 **問三**　アは「名詞」、イは、「形容詞」か「形容動詞」、ウは「動詞」のこと。　　　**Ａ・Ｅ**　活用があり、言い切りの形がウ段の音で終わるので、動詞。　　　**Ｂ・Ｄ**　「思う」「出会う」という動詞が、名詞として用いられるようになった転成名詞。　　　**Ｃ**　活用があり、言い切りの形が「い」になるので形容詞。

問四　この頭の体操によって、季節で連想する単語が他の人と同じ場合もあれば、違う場合もあることが確認できる。また、この後で「春」という季節に多くの人が連想する「桜」も、時代によって異なることが説明されているから、最後の段落の「自分のイメージと他の人のイメージは必ずしも一致していないということ」を自覚するため

である。

問五 直後の段落を参照。人とは違う「ユニークな単語」を連想する学生は、<u>その季節に起きた印象的な出来事を思い出して、それを 象 徴 する単語を連想した</u>」と答える。この後の「季節のイメージが自身の経験と結びついて形成されている」「こうした経験に即した単語は、決して他の人とは一 緒 になりません」などから、ある季節に個人的に印象的な出来事があった場合には、他の人と違う単語を連想するということが言える。

問六 ——4の直後の段落を参照。ソメイヨシノは接ぎ木で増やすため、いわばクローンであり、「すべてが同じ特 徴 を持つため、同じ地域で同じ環 境 に育っていれば、一斉に咲いて一斉に散る」。そのため「桜前線の指標に利用される」のである。

問七 この前に書かれているカンヒザクラの特徴「ソメイヨシノに比べてピンク色が濃く～開花期間もソメイヨシノより長い」からまとめる。

問八 「国家主義」は、国家を最高の価値のあるものとし、個人を犠牲にしても国家の利益を尊重しようとする考え方。戦前の日本に見られた思想。江戸時代の宣 長 は、咲く時期がそろわないヤマザクラを好み、その個人的な思いを「大 和 心 」と歌に詠んだが、戦前の日本では、その解釈がゆがめられた。ヤマザクラではなく、「パッと咲いてパッと散る」ソメイヨシノの特 徴 をとらえ、「時が来たなら 潔 く散れ」という軍国主義の思想と重ね合わされたのである。

問九 直後の段落の「現在でも入学式のある春は確かに出会いの季節ですし～その色から恋の季節というイメージにも結び付いています」を参照。

═══ 《2022　Ａ日程　算数　解説》 ═══

1 (1)　与式＝$(871-337) \div 3 \times 2 = 534 \div 3 \times 2 = 178 \times 2 = 356$

(2)　与式＝$2.24 - 1.4 + 3.16 = 4$

(3)　与式＝$\left(\frac{49}{15} - \frac{3}{4} + \frac{5}{12}\right) \times \frac{3}{11} = \left(\frac{196}{60} - \frac{45}{60} + \frac{25}{60}\right) \times \frac{3}{11} = \frac{176}{60} \times \frac{3}{11} = \frac{4}{5}$

(4)　与式＝$\frac{37}{5} \div \frac{24}{25} - \frac{7}{9} \div 1\frac{2}{3} = \frac{37}{5} \div \frac{24}{25} - \frac{7}{9} \div \frac{5}{3} = \frac{37}{5} \div \frac{24}{25} - \frac{7}{9} \times \frac{3}{5} = \frac{37}{5} \div \frac{24}{25} - \frac{7}{15} = \frac{37}{5} \div \frac{72}{75} - \frac{35}{75} =$
$\frac{37}{5} \div \frac{37}{75} = \frac{37}{5} \times \frac{75}{37} = 15$

2 (1)　**【解き方】つるかめ算を用いる。**

生徒が引いたすべてのカードの数字の合計は$3 \times 42 = 126$である。0，4を引いた$8 + 9 = 17$（人）について，引いたカードの数字の合計は$4 \times 9 = 36$だから，残りの$42 - 17 = 25$（人）の生徒が引いたカードの数字の合計は，$126 - 36 = 90$である。25人全員が2を引いた場合，引いたカードの数字の合計は$2 \times 25 = 50$となり，実際より$90 - 50 = 40$小さい。2を引いた1人を6を引いた1人に置きかえると，カードの数字の合計は$6 - 2 = 4$大きくなるので，6を引いた生徒の人数は，$40 \div 4 = 10$（人）

(2)　**【解き方】(仕入れ値)＝(売り値)－(利益)で求められる。**

定価の$20 - 14 = 6$（％）が$650 - 200 = 450$（円）だから，定価は$450 \div \frac{6}{100} = 7500$（円）である。定価の20%引きは$7500 \times \left(1 - \frac{20}{100}\right) = 6000$（円）で，このときの利益が200円だから，仕入れ値は，$6000 - 200 = 5800$（円）

(3)　三角形ＤＢＣはＢＤ＝ＣＤの二等辺三角形だから，角ＤＣＢ＝角ＤＢＣ＝50°

三角形ＤＢＣの内角より，角ＢＤＣ＝$180° - 50° - 50° = 80°$

平行線の錯 角は等しいから，角ＢＤＡ＝角ＤＢＣ＝50°　　　角ＡＤＣ＝$50° + 80° = 130°$

三角形ＤＡＣはＡＤ＝ＣＤの二等辺三角形だから，角ＤＣＡ＝$(180° - 130°) \div 2 = 25°$

角⑦＝角ＤＣＢ－角ＤＣＡ＝50°－25°＝25°

⑷　【解き方】全体の仕事の量を30と20の最小公倍数である60として考える。

1分あたりの仕事の量について考える。Ａ3台とＢ4台のときは60÷30＝2，Ａ3台とＢ9台のときは60÷20＝3となる。Ｂが9－4＝5（台）のときは3－2＝1となるので，Ｂ1台のときは1÷5＝$\frac{1}{5}$となる。

Ａ3台のときは2－$\frac{1}{5}$×4＝$\frac{6}{5}$となるので，Ａ1台のときは$\frac{6}{5}$÷3＝$\frac{2}{5}$となる。

したがって，Ａ1台で作業すると，60÷$\frac{2}{5}$＝150（分）かかる。

⑸　【解き方】坂道を登るときは，ガソリン30Lで500×$\left(1-\frac{2}{10}\right)$＝400（km）登る。

1L＝1000mL，1km＝1000mだから，坂道を登るときは，ガソリン30L＝30000mLで400km＝400000m登る。

よって，300m登るのに必要なガソリンの量は，30000×$\frac{300}{400000}$＝22.5（mL）

3　【解き方】4が何回出たかで場合わけをして考える。4が出ていないサイコロの目は，1～3のいずれかが出ている。

4が1回出た場合，4が出たサイコロは赤，青，緑の3通りある。その3通りに対して，残り2個のサイコロの目の出方が3×3＝9（通り）ずつあるから，出方は全部で3×9＝27（通り）ある。

4が2回出た場合，4が出たサイコロの組み合わせは，（赤，青）（赤，緑）（青，緑）の3通りある。その3通りに対して，残り1個のサイコロの目の出方が3通りずつあるから，出方は全部で3×3＝9（通り）ある。

4が3回出た場合の出方は1通りあるので，求める出方は全部で，27＋9＋1＝37（通り）ある。

4　⑴⑵　【解き方】Ｐが動いた跡は，右図の太線部分である。

右図より，Ｐは（ウ）の点に重なるとわかる。求める長さは，半径が9cm，中心角が60°×2＝120°のおうぎ形の曲線部分の長さの2倍と，半径9cm，中心角が90°－60°＝30°のおうぎ形の曲線部分の長さの2倍の和だから，

9×2×3.14×$\frac{120°}{360°}$×2＋9×2×3.14×$\frac{30°}{360°}$×2＝15×3.14＝47.1（cm）

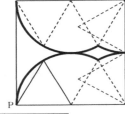

5　【解き方】水槽を正面から見たときに見える図について，図ⅰのように作図する（太線は仕切り）と，グラフから図ⅱのことがわかる。

⑴　この水槽の容積は30×56×40＝67200（cm³）

だから，2つの蛇口から35分水を入れ続けると，水が67200cm³入る。よって，1つの蛇口からは，毎分（67200÷2÷35）cm³＝毎分960cm³の水が入る。

⑵　③までに，水は全部で960×28×2＝53760（cm³）入る。ａとｂを合わせた立体の底面積は30×56＝1680（cm²）だから，③のときの水面の高さ（仕切りの高さ）は，⑦＝53760÷1680＝32（cm）

②までに，1つの蛇口から水は960×16＝15360（cm³）入るから，ａの部分の体積は15360cm³である。仕切りの高さは32cmだから，ａの部分の底面積は15360÷32＝480（cm²）であり，④＝480÷30＝16（cm）

⑶　【解き方】1回目は①～②の間，2回目は②～③の間に起こる。ａとｂの部分の底面積から，ＡとＢの水面の高さが1分ごとに何cm変化するのかに注目する。

ａの部分の底面積は480cm²，ｂの部分の底面積は（56－16）×30＝1200（cm²）である。

①～②の間，ａとｂそれぞれに毎分960cm³の水が入るので，1分ごとに，Ａの水面の高さは960÷480＝2（cm），Ｂの水面の高さは960÷1200＝0.8（cm）上がる。

よって，1回目に水面の高さの差が12cmとなるのは，12÷（2－0.8）＝10（分後）

②～③の間で高さの差が12cmになるとき，Aの水面の高さは仕切りと同じ32cmだから，Bの水面の高さが32cm
より12cm低くなる。このとき，水槽に入っている水は53760−1200×12＝39360（cm³）となるので，求める時間は，
39360÷（960×2）＝20.5（分後）

6　大きい立方体を正面，上，左から見たときに見える図形について，ＰＱ
　　が通る小さい立方体を色付きで表すと，右図のようになる。ここから，
　　穴があいている立方体がどれかを考えていくと，解答例のようになる。

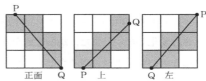

正面　　　　　上　　　　　左

― 《2022　Ａ日程　理科　解説》 ―

問1

(2)　めすのせびれには切れこみがなく，しりびれは後ろが短い。

(5)　メダカのたまごは，水温が26℃であれば約10日でふ化する。

(7)②　メダカは，ミジンコなどのプランクトンをえさとし，ヤゴやザリガニやカエルなどに食べられる。

問2

(3)　地表付近では，台風の中心に向かって反時計回りに風がふきこんでくる。

(4)　ア×…台風は1年間に20〜30個程度発生し，その多くは日本に上陸しない。　イ×…台風を原因とする特別警
報は，数十年に一度の強度の台風と予想されるときに発表される。　ウ×…最近では2016年に台風が北海道に上陸
した。

(6)　台風の中心に対して，そのまわりにある地点では右図のような向きで風がふいている。姫
路市では風向が東→北→西と変化しているので，台風の中心は姫路市の南→東→北を通ったと
考えられる。同じように考えると，台風の中心は，豊岡市では南→東→北，和歌山市では南→
西，大阪市では南→西を通ったと考えられる。以上の条件に合う台風の進路はイである。

(7)　関西学院中学部に最も近いのは大阪市の観測地点だから，大阪市の風速が最も速い14：00ごろに，最も近づい
たと考えられる。

(8)(9)　表より，和歌山市と大阪市の最大風速が，姫路市と豊岡市の最大風速よりも速くなっていることに着目する。

(10)　イ×…断層のずれは地震の原因となるものである。

問3

(3)　pHが7より大きいアルカリ性の水溶液を選べばよい。ア，オ，カ，キは酸性の水溶液である。

(4)　アは強い酸性，エは弱い酸性を示す。

(5)　ラムネは砂糖入り炭酸水で，炭酸水は二酸化炭素の水溶液だから，ラムネに溶けているものは砂糖と二酸化炭
素である。実験1では，ラムネに溶けている二酸化炭素と石灰水が反応して白くにごり，実験2では，加熱するこ
とでラムネに溶けている砂糖が黒くこげる。

(7)　石灰水は強いアルカリ性を示すから，pHは7より大きい。

(8)　ア×…薬品が手や目についた場合には，大量の水で洗い流す。　イ×…薬品には，うすめても危険なものや環
境に悪影響を与えるものもあるので，薬品ごとに決められた方法で処理する。

(9)　トイレ用洗剤（塩酸）に溶けるのは鉄とアルミニウム，カビ取り剤（水酸化ナトリウム水溶液）に溶けるのはアル
ミニウムである。銅はどちらの水溶液にも溶けない。

(10)　酸性やアルカリ性の水溶液をうすめるときは，必ず水に水溶液を入れる。

(11) (pHの値が小さい)強い酸性の水溶液を水でうすめると，酸性が弱まって中性(pHの値が7)に近づくが，アルカリ性の水溶液と混ぜ合わせなければpHの値が7以上になることはない。

問5

(2) 豆電球を直列につなぐと豆電球の明るさは豆電球の個数に反比例し，豆電球を並列につないでも豆電球の明るさは変化しない。また，かん電池を直列につなぐと豆電球の明るさはかん電池の個数に比例し，かん電池を並列につないでも豆電球の明るさは変化しない。　①直列つなぎのかん電池が2個，豆電球が1個だから，Nの明るさは2となる。　②直列つなぎのかん電池が3個，直列つなぎの豆電球が2個だから，Pの明るさは3÷2＝1.5となる。　③直列つなぎのかん電池が2個，豆電球が1個だから，Qの明るさは2となる。

(3) x秒間つく(または消える)指示は，くり返しの指示を使ったり，合計時間がx秒になるように分ける指示を使ったりしてもよい。例えば，5秒間つく指示は，「{5｜(オン$\boxed{1}$)}」や「オン$\boxed{2}$→オン$\boxed{3}$」とすることができる。

(4)① ア×…2秒間ついて，一 瞬 だけ消えて，また2秒間ついて消える。　イ×…4秒間ついて消える。
ウ×…一瞬だけついて，2秒間消えて，また一瞬だけついて消える。

(5) 「1秒間ついて，1秒間消えて，1秒間つく」を2回くり返し，最後に消えるようにすれば，「1秒間ついて，1秒間消えて，1秒間ついて，1秒間ついて，1秒間消えて，1秒間ついたあと，消える」となる。

(6) 5秒後は装置のスイッチが入っているので，電池から流れた電流はRとSにわかれて流れ，Sに流れた電流は装置の方にだけ流れる(Tには流れない)。したがって，RとSは並列つなぎの豆電球2個とかん電池を1個をつないだ回路(図3)と同じ明るさになるから，RとSの明るさは同じで，Tは明かりがつかない。

(7) 10秒後は装置のスイッチが入っていないので，電池から流れた電流はRとSにわかれて流れ，Sに流れた電流はTに流れる。直列つなぎのSとTが，Rと並列につながれた回路になるから，Rは豆電球1個とかん電池1個をつないだ回路(図1)と同じ明るさになり，SとTは直列つなぎの豆電球2個とかん電池1個をつないだ回路(図2)と同じ明るさになる。

(8) (6)(7)解説より，Rの明るさは，図3のときと同じ5秒後と，図1のときと同じ10秒後で変化しないことがわかる。

―《2022　Ｂ日程　国語　解説》

一　問四　男の子たちは、「クジラを釣った」という話をしている。これはまずありえない話であり、「小さいこどもは夢と現実がしばしば入りまじる」ということの例として挙げられている。

問五　直前で、「ぼく」は十銭手に入れた話をしている。また、直後には「そのころの十銭はこどもにとっては大金であった」とある。みんなは、「ぼく」が十銭手に入れたことをうらやましがっているのである。

問六　直後の「ぼくにかかわりがあるに違いない」より考える。このときおばあさんと母が話していた内容は、あとの方にあるように、「ぼく」が養魚場のサカナをとったという話である。二人（またはおばあさん）は、この話を「ぼく」に聞かれると都合が悪いと思い、「ぼく」を遠ざけたのである。

問七　9行前に「（母はぼくに）おばあさんの言ったことをそのまま言ってきかせた」とある。よって、この直後に書かれている内容をぬき出せばよい。

問八　「ぼく」は、「そういう才覚もはたらかない」ために、直後にあるように、ただ小さくなって、いくら叱られたっていい、と覚悟をきめた」。これとは異なる行動としては、正直に「ぼく」の話はうそだったと告白し、謝るといったものが考えられる。

問九　ここより前の母の行動から「叱ったつもり」にあたるものを探す。母に叱られることを覚悟した「ぼく」に対して、母は「おばあさんの言ったことばを伝えると、あと、なにも言わなかった」。その直後に、「叱られたいと思っているのに、黙っておられるとかえってつらい」とあり、「ぼく」にとっても母にとっても、「なにも言わなかった」ことが効果的に叱られた（叱った）ことになっている。

問十　――7が指すのは、イトコへのいじめである。イトコに対して行ったいじめを、次の行で「『ネコのくそ』のいじめ」と表現している。

問十一　「イトコの遺子」は、その父に「ぼくというイトコがいるということ」を知らされていなかった。このことを「イトコの遺子」と会った時に知った「ぼく」は、イトコの自分に対する恨みの深さを感じとったのである。

二　問三　このあと、外国の道路、都市、空港、大学などの名前に人名をつけた例を挙げた上で、「日本人は、人の名前がついてしまうと～なかろうか」と、理由を述べている。

問四　――2の後で「日本は、家がまずあって、その間を道が抜けていく。アメリカは道が先にあって、その周りに家ができていく」とある。さらに日本については、「道は、それぞれのブロックを分かつ空間であると思い、名前をつけたいとあまり思わなかったのだろう」と述べている。家（またはブロック）と道のどちらが先（または中心）かという考え方の違いが、道に名前をつけるかどうかに関わっているのである。

問五　――3とウの「よく」は、たびたびという意味。

問七　前の行に、「一つ一つに名前があるということは、その個別性を認めるということである」とある。

問八　最初の段落に、『金田一春彦通り』と名づけられることになった」理由が説明されている。

問十　道とブロック、丘と坂道、旅館の部屋とホテルの部屋などの例から、それぞれの文化で大切に考えているものに名前がつくということが読み取れる。――fの少しあとに、「私が面白いと思うのは、何に名前をつけるかというその国の文化の姿勢であり、その文化では何を大切に考えるのか、ということである」とある。

1 (1) 与式＝77＋(9384－2585)÷13＝77＋6799÷13＝77＋523＝600

(2) 与式＝18.2＋6.3÷1.8＝18.2＋3.5＝21.7

(3) 与式＝$\frac{55}{32}×\frac{72}{35}×\frac{45}{7}×\frac{11}{27}＝\frac{99}{28}－\frac{55}{21}＝\frac{297}{84}－\frac{220}{84}＝\frac{77}{84}＝\frac{11}{12}$

(4) 与式より，$\left(1\frac{3}{4}÷□÷\frac{7}{2}＋7\right)×\frac{24}{23}＝4$　　　$\frac{7}{4}÷□÷\frac{7}{2}＋\frac{7}{2}＝4÷\frac{24}{23}$　　　$\frac{7}{4}÷□÷\frac{7}{2}＝4×\frac{23}{24}－\frac{7}{2}$

$\frac{7}{4}×\frac{2}{7}÷□＝\frac{23}{6}－\frac{21}{6}$　　　$\frac{1}{2}÷□＝\frac{1}{3}$　　　$□＝\frac{1}{2}÷\frac{1}{3}＝\frac{1}{2}×\frac{3}{1}＝\frac{3}{2}＝1\frac{1}{2}$

2 (1) 180＝2×90 だから，90の約数の個数を考えればよい。90の約数は，1と90，2と45，3と30，5と18，

6と15，9と10の12個ある。

(2) 右図のように黒いご石をまとめる。太線で囲まれた4か所に，黒いご石は全部で

120－4×4＝104(個)あるから，太線で囲まれた1か所に黒いご石は104÷4＝26(個)

ある。よって，白いご石はたてと横に26÷2＝13(個)ずつ並んでいるので，白いご石

の個数は全部で，13×13＝169(個)

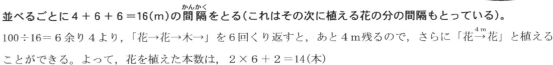

(3) 【解き方】花$\overset{4m}{→}$花$\overset{6m}{→}$木$\overset{6m}{→}$花$\overset{4m}{→}$花$\overset{6m}{→}$木$\overset{6m}{→}$…と並ぶので，「花→花→木」と

並べるごとに4＋6＋6＝16(m)の間隔をとる(これはその次に植える花の分の間隔もとっている)。

100÷16＝6余り4より，「花→花→木→」を6回くり返すと，あと4m残るので，さらに「花$\overset{4m}{→}$花」と植える

ことができる。よって，花を植えた本数は，2×6＋2＝14(本)

(4) 【解き方】右のように作図し，おうぎ形ＯＡＢの面積から，三角形ＡＯＭと三角形

ＢＯＭの面積の和をひいて求める。

三角形ＡＯＭと三角形ＢＯＭは合同である。ＯＡ＝ＯＢ，角ＡＯＢ＝60°だから，

三角形ＯＡＢは正三角形とわかる。よって，ＡＢ＝ＯＡ＝6㎝

また，角ＯＰＡ＝角ＯＰＢ＝90°となるので，三角形ＡＯＭと三角形ＢＯＭは底辺を

ともにＯＭとすると，高さの和はＰＡ＋ＰＢ＝ＡＢ＝6㎝となる。

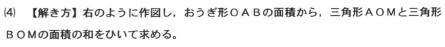

よって，求める面積は，$6×6×3.14×\frac{60°}{360°}－6×6÷2＝18.84－18＝0.84(㎠)$

(5) 【解き方】食塩水の問題は，うでの長さを濃度，おもりを食塩水の重さとしたてんびん図で考えて，うでの

長さの比とおもりの重さの比がたがいに逆比になることを利用する。

9％の食塩水□gと12.6％の食塩水いくらかを混ぜて，△％の食塩水550－100＝450(g)

を作るとすると，6％と△％の食塩水について，図①のようなてんびん図がかける。

6％と△％の食塩水の量の比は100：450＝2：9だから，a：b＝9：2

a＝9.6－6＝3.6より，b＝$3.6×\frac{2}{9}$＝0.8だから，△＝9.6＋0.8＝10.4

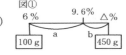

これより，9％と12.6％の食塩水について，図②のようなてんびん図がかける。

c：d＝(10.4－9)：(12.6－10.4)＝7：11だから，9％と12.6％の食塩水の量の

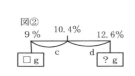

比は，11：7である。合わせて450gだから，9％の食塩水は$450×\frac{11}{11＋7}$＝275(g)混ぜた。

3 (1) 【解き方】図2から図3で，水面の高さが4－3.6＝0.4(㎝)上がったことに注目する。

図2について，図1の水に入っていない部分の体積は，4×4×(10－3.6)＝102.4(㎤)

これがすべて水に入ることで，水面の高さが0.4㎝上がったのだから，水槽の底面積は，102.4÷0.4＝256(㎠)

(2) 【解き方】図３からおもりを１つ追加で入れたと考える。追加したおもりが
図３の水面の高さまでの水に入った部分の体積（右図の色付き部分）とそれによって
図３の水面の高さよりも上がった部分の水の体積（右図の斜線部分）は等しい。

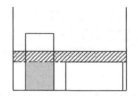

色付き部分の体積は，$4 \times 4 \times 4 = 64$（cm³）

斜線部分について，水が入っている部分の底面積は（水槽の底面積）－（⑦の面の面積）$= 256 - 16 = 240$（cm²）だから，

斜線部分で水面の高さ $\dfrac{64}{240} = \dfrac{4}{15}$（cm）上がった。よって，求める水面の高さは，$4 + \dfrac{4}{15} = 4\dfrac{4}{15}$（cm）

4 (1) 【解き方】グラフより，兄と弟は家を出て５分後にすれ違う。このとき，兄と弟が進んだ道のりの和は，
家から兄が忘れ物に気づいた位置までの道のりの２倍となる。

弟は５分で $60 \times 5 = 300$（m）進んだから，⑦$= 300$

家を出てから５分後，２人は合わせて $(60 + 100) \times 5 = 800$（m）進んだから，④$= 800 \div 2 = 400$

兄は忘れ物に気づくまでに $400 \div 100 = 4$（分）進む。そこから家に戻るまでにも４分進むから，⑦$= 4 + 4 = 8$

(2) 【解き方】同じ距離を進むのにかかる時間の比は，速さの比の逆比に等しいことを利用する。

兄は忘れ物をしなければ，弟より $17 - 1 = 16$（分）早く学校に着く。兄と弟の家から学校まで進むのにかかる時間
の比は，速さの比の $100 : 60 = 5 : 3$ の逆比の $3 : 5$ となる。この比の差の $5 - 3 = 2$ が16分にあたるから，

弟は家から学校まで $16 \times \dfrac{5}{2} = 40$（分）かかる。よって，家から学校までの距離は，$60 \times 40 = 2400$（m）

(3) 兄は忘れ物をしなければ家から学校まで $16 \times \dfrac{3}{2} = 24$（分）かかるので，兄は最初に家を出てから $24 - 1 = 23$
（分後）に学校に着く。兄が自転車に乗っていた時間は $23 - 8 = 15$（分）なので，自転車の速さは，分速 $(2400 \div 15)$ m $=$
分速160m

5 (1) 0，2，20，22，200，202，220，222，2000，2002，2020，2022，…と並ぶから，2022は12番目である。

(2) 【解き方１】０と２のみを使った２けた以降の整数について，一番大きい位の数は必ず２であり，残りの位の
数はそれぞれに０または２の２通りの数の選び方があるので，２けたの数は２個，３けたの数は $2 \times 2 = 4$（個），
４けたの数は $4 \times 2 = 8$（個），…あることがわかる。

５けたまでの数は全部で $2 + 2 + 4 + 8 + 8 \times 2 = 32$（個），６けたまでの数は $32 + 16 \times 2 = 64$（個）あるから，
50番目の数は６けたの数のうち，$50 - 32 = 18$（番目）に大きい数である。

４けたまでの数が $2 + 2 + 4 + 8 = 16$（個）あることから，６けたの数のうち16番目に大きい数は，202222だとわ
かる。よって，17番目の大きい数は220000，18番目に大きい数は220002だから，求める数は220002である。

【解き方２】０と２の２進法で表された数だと考える。

最初の数は０なので，はじめから50番目の数は，$50 - 1 = 49$ を２進法で表した数となる。$2 \times 2 \times 2 \times 2 \times 2 =$
32，$2 \times 2 \times 2 \times 2 = 16$ であり，$49 = 32 + 16 + 1$ だから，49を０と２の２進法で表すと，220002となる。

6 【解き方】白いＴシャツの代金を除いて，１枚当たりのプリント代と送料の合計が $645 - 540 = 105$（円）以下になれ
ばよい。60枚注文したときの１枚当たりの値段が688円なので，Ｔシャツは60枚以上注文している。

50枚目までのプリント代の合計は $120 \times 50 = 6000$（円）である。

$50 + \square$（枚）注文したときの１枚当たりのプリント代と送料の合計が105円になるとすると。プリント代と送料の
合計は，$105 \times (50 + \square) = 5250 + 105 \times \square$（円）となる。

50枚より$\square$枚多く注文したので，プリント代は6000円より $88 \times \square$（円）だけ多くかかる。送料は2000円なので，
$105 \times \square - 88 \times \square = 17 \times \square$ が $6000 + 2000 - 5250 = 2750$ にあたる。よって，$\square$ は $2750 \div 17 = 161.7\cdots$ にあたるから，
Ｔシャツは少なくとも $50 + 162 = 212$（枚）注文すればよい。

━━━━━━━━━━━ 《Ａ日程　国　語》 ━━━━━━━━━━━

一　問一．a．浅はか　b．飼つ　c．染める　d．外聞　e．絹　f．蚕　g．巻き　h．説く　i．粉　j．節　　問二．A．イ　B．ア　C．オ　D．カ　E．エ　F．ウ　　問三．ア．身の毛　イ．鳥はだ　問四．虫を捕まえてくる男の子たちに、虫にちなんだ名を付けた。　　問五．もう、気味の悪い虫を飼うのは止めるように、ということ。　　問六．虫を飼って、それが成長し変化する様を見届けた。　　問七．隣のお屋敷の、蝶を愛でる姫君。　　問八．姫君は、まゆ毛をぬいて形を整えることをしなかったから。　　問九．物事の本質を知ろうとする探究心がなかったから。

二　問一．a．専門　b．装置　c．根本　d．警告　e．機会　　問二．A．エ　B．イ　C．ア　D．オ　E．ウ　　問三．地球温暖化／クリーンエネルギー　　問四．これから世界的に食べ物が不足していくのに、その食べ物を自動車を動かすために使うと、食料の乏しい発展途上国がよりたいへんなことになるから。　　問五．莫大な石油を使うから。／原料となる穀物をつくるために、地球温暖化防止に役立つアマゾンの熱帯林が伐採されているから。　　問六．水素細菌は水を原料にしてエネルギーをつくりながら、ふたたび水にもどすことができるから。　　問七．生ゴミが使えるため、環境問題にもいいから。／人間の食べ物を原料とせずにエネルギーをつくり出せるから。／大量のエネルギーをつかう蒸留を必要としないから。

三　①ア　②ア　③ウ　④ア　⑤ウ　⑥ウ　⑦イ

四　①イ　②エ　③ウ　④エ　⑤ア　⑥イ　⑦ア

━━━━━━━━━━━ 《Ａ日程　算　数》 ━━━━━━━━━━━

1　(1)180　(2)5.5　(3)1　(4)$\frac{1}{4}$

2　(1)3　(2)750　(3)12.5　(4)8　(5)14.6

※3　(1)12 L　(2)32 分

4　(1)⑦2　⑦6.4　※(2)5.75 ㎠

※5　(1)$\frac{9}{10}$　(2)67$\frac{1}{3}$

※6　3.75 ㎡

※の式または考え方は解説を参照してください。

━━━━━━━━━━━ 《Ａ日程　理　科》 ━━━━━━━━━━━

問1　(1)ウ　(2)イ　(3)ア　(4)2つ以上の条件が異なってしまうため。　(5)イ　(6)①D　②種子にでんぷんが含まれているかどうかを調べられる。　③ウ　④エ　(7)ウ　(8)エ　(9)ウ

問2　(1)①ア　②エ　(2)①エ　②10　③イ　④ウ　⑤ア　⑥南海トラフ　(3)①エ　②イ　③チバニアン〔別解〕千葉時代　④エ

問3　(1)14.2 g　(2)51.6 g　(3)27.5 g　(4)エ　(5)38.1 g　(6)96.3%　(7)23.4 g　(8)100%　(9)再結晶をくり返すことで，目的の物質の純度を高めることができる。　⑽ウ　⑾イ

問4　(1)ウ　　(2)イ　　(3)おし縮められた空気が元にもどろうとして，前玉をおしたから。　　(4)①イ　②発泡スチロールへんの中の空気がおし縮められたため。　③イ　(5)オ　(6)①a　②c　③Ⅱ　④c　⑤水　⑥c　⑦空気　⑧水　⑨Ⅲ　⑩b　⑪b　⑫空気　⑬b　⑭水　⑮空気　(7)ウ

───────────《Ｂ日程　国　語》───────────

一　問一．a．厳密　b．防衛　c．探し　d．放し　e．性差　f．考察　g．移行　h．小言　i．親近　j．子孫　　問二．A．カ　B．ウ　C．オ　D．エ　E．ア　F．イ　　問三．あ．独立　い．攻撃的　う．ペア　　問四．ペアの密度が高すぎて、縄張りが極端に狭くなる時。　　問五．雛を守るということ。　　問六．若鳥は逃げ出そうとせず、しつこく縄張りに留まろうとするから。　　問七．よそ者　問八．親の縄張り内で我が物顔に餌を探して食べている状態。

二　問一．a．直球　b．務める　c．時期〔別解〕時季　d．代わり〔別解〕替わり　e．好成績　f．素質　g．結局　h．説得　　問二．A．ウ　B．オ　C．エ　D．イ　E．ア　F．カ　　問三．奥村先生に、南条中学のバスケットボール部に来るように誘われた。　　問四．自分の進路のための決断とはいえ、このチームを離れることを心苦しく思っているから。　　問五．亜利子…薫の決断は、自分のことしか考えないものであり、許せない。　欣子…薫の決断は、自分の将来のことを考えていきるためのものであり、間違っていない。　問六．ア．自分の能力を最大限引き出すこと。　イ．このチームでバスケットボールを続けることを諦めること。　問七．人前で泣けない性格であるというところ。　　問八．暁／リモ／欣子／薫

三　①×　②○　③×　④○　⑤×　⑥○　⑦○

四　①a．イ　b．ウ　c．ア　d．エ　②a．ウ　b．キ　c．オ　d．イ　e．ア　f．カ　g．エ　③a．オ　b．エ　c．ア　d．キ　e．ウ　f．イ　g．カ

───────────《Ｂ日程　算　数》───────────

1　(1)52　　(2)86.76　　(3)$\frac{4}{7}$　　(4)$3\frac{1}{2}$

2　(1)7　　(2)8　　(3)3900　　(4)155　　(5)$\frac{7}{36}$

※**3**　36通り

※**4**　332.84㎠

※**5**　(1)1200㎤　　(2)21.3

※**6**　(1)4人　　(2)12人

※の式または考え方は解説を参照してください。

←解答例は前のページにありますので，そちらをご覧ください。

━《2021　Ａ日程　国語　解説》━

一　**問四**　最後の段落、特に最後の一文を参照。姫君は男の子たちに虫を捕まえてきてもらっていたが、「<u>男の子たちにも、ありきたりな名ではおもしろくないというので、『けら男（お）』～『あま彦（ひこ）』などと虫にちなんだ名を付けて、召し使われたのであった</u>」とある。

　問五　この後に「それでも、両親は『やはり、外聞がよくありません～<u>気味の悪い虫をおもしろがっている、といううわさ話が世間の人の耳に入るのはみっともないことです</u>』とさとす」とあるので、虫を飼うことをやめるように言ったと推測できる。

　問六　──3と言った後に、蝶（ちょう）になりかけている毛虫を両親に見せていること、第２段落で「<u>物の本質を追求しようとすることこそ、優れた心のあり方なのです</u>」と言って「たくさんの～恐（おそ）ろしげな虫を集め、『<u>これが成長し、変化していく様を見届けよう</u>』」と虫を飼っていたことを参照。

　問七　第一段落に「平安時代、都の隣（とな）り合ったお屋敷（やしき）にそれぞれ一人の姫君がいました。<u>一人は蝶がとても好きで、美しい蝶を集め、愛（め）でている姫君</u>」とある。

　問八　第３段落に、姫君は「<u>当時の貴族たちのようにまゆ毛をぬいて形を整えることなどはしなかった</u>」「<u>黒々としたまゆ毛をしかめながら</u>」とある。まゆ毛が自然のままに生えている様を、お付きの女性たちが毛虫のようだと悪口を言ったのである。

　問九　この後に続く「毛虫が皮を脱（ぬ）ぎ蝶になる様子に姫君は興味をお持ちなのです。<u>物事の本質を知ろうとするこの探求心の深さには感心します</u>」という言葉から、年配のお付きの女性は、隣の姫君にこのような探求心が欠けていると思っていることがわかる。

二　**問三**　（　Ｂ　）の直前に「バイオエタノールが話題になっている理由の一つは、クリーンエネルギーだということです」とある。クリーンエネルギーとは温暖化ガスや廃棄物（はいきぶつ）をあまり出さない、環境（かんきょう）への負荷（ふか）が少ないエネルギーのことだが、第3段落の「バイオエタノールがほんとうに地球の温暖化防止に貢献（こうけん）するのか」という筆者の疑問から、一般（いっぱん）的には、バイオエタノールは「<u>地球温暖化防止に貢献する</u>」と思われていることが読みとれる。

　問四　（　Ｃ　）のある段落に、「<u>いま世界的に食べものが不足しています～そのときに自動車を動かすためにその食料を使ってしまうことは～食料の乏（とぼ）しい発展途上国（とじょうこく）はたいへんなことになるでしょう</u>」とある。

　問五　これに続く「それはやはり、<u>蒸留するときに莫大（ばくだい）な石油を使う</u>ことによる温暖化のほかに、<u>ブラジルが～熱帯林を開拓（かいたく）して～原料づくりをはじめている</u>から」より、①〝莫大な石油を使うから〟と、②〝熱帯林を開拓するから〟という２つの理由があることがわかる。②については、続く文で「つまり、地球温暖化防止に役立つアマゾンの広大な緑を伐採（ばっさい）していったら、逆に地球環境の破壊につながり」と、さらにくわしく説明している。

　問六　後半の(中略)の直後の「水素が燃えてエネルギーが出たら～水にもどります。そうすると、水素細菌（さいきん）が<u>水を原料にしてエネルギーをつくりながら、ふたたび水にもどすことになります</u>～<u>つまり究極のクリーンエネルギーです</u>」を参考にまとめる。

　問七　──5の前の「<u>生ごみが使えるから、環境問題にもいいのではないかといえます。私たち人間の食べもので自動車を走らせるよりも、微生物（びせいぶつ）の力を利用して蒸留も何も必要なしに新しいエネルギーをつくったほうが</u>～」か

らまとめる。バイオエタノールをつくる時には、エタノールを取り出すために蒸留が必要で、大量の石油が使われることをふまえて、蒸留が必要ないことに言及している。

三 ① ①とアは主語であることを示す格助詞。「冬が〜」「兄が〜」のように、「が」に置きかえることができる。
イ．ついた文節を体言と同じ資格にする格助詞。「本を読むことが」のように「こと」や「もの」に置きかえることができる。　ウ．疑問を表す終助詞。　② すべて副助詞で、②とアは、範囲を限定する意味を表す。
イ．おおよその程度を表す。　ウ．動作が終わって間もないことを表す。　③ すべて格助詞で、③とウは、作用や変化の結果を表す。　ア．場所を表す。　イ．時間を表す。　④ すべて助動詞で、④とアは受け身の意味を表す。　イ．可能の意味を表す。　ウ．尊敬の意味を表す。　⑤ ⑤とウは、逆接の意味を表す接続助詞。
ア．対象を示す格助詞。　イ．その文節が主語であることを示す格助詞。　⑥ すべて助動詞で、⑥とウは、そのような様子が見られるという、不確実な判断(様態)を表す。　イ．人から聞いたこと(伝聞)を表す。
⑦ すべてその文節が連用修飾語であることを示す格助詞。①とイは、手段を表す。　ア．時間を表す。
ウ．場所を表す。

四 ①「動く」、⑥「歌う」、イ「来る」は、動作・存在などを表し、言い切りの形がウ段で終わっているので「動詞」。
②「きびきび」、④「はっきりと」、エ「いきなり」は、おもに動詞・形容詞・形容動詞（用言）などを修飾し、状態や程度などを表す副詞。活用しない。　③とウは、ものごとの性質や状態を表し、言い切りの形が「〜い」になっているので、形容詞。　⑤「痛み」、⑦「眠け」、ア「寒さ」は、もともと動詞や形容詞だった語が名詞になったもの。（転成名詞）。

━《2021　Ａ日程　算数　解説》━

1 (1) 与式＝（9－4）×37－5＝5×37－5＝5×（37－1）＝5×36＝180

(2) 与式＝6.6＋0.94－1.128－0.912＝（6.6＋0.94）－（1.128＋0.912）＝7.54－2.04＝5.5

(3) 2021＝47×43だから，与式＝$\frac{43}{2021}+\frac{2025}{2021}-\frac{47}{2021}=\frac{2068-47}{2021}=\frac{2021}{2021}=1$

(4) 与式より，$6×□÷(\frac{5}{4}-\frac{2}{3})=4-1\frac{3}{7}$　　$6×□÷(\frac{15}{12}-\frac{8}{12})=2\frac{4}{7}$　　$6×□÷\frac{7}{12}=\frac{18}{7}$

$6×□=\frac{18}{7}×\frac{7}{12}$　　$6×□=\frac{3}{2}$　　$□=\frac{3}{2}÷6=\frac{1}{4}$

2 (1) 【解き方】まず6年前の年齢を求める。

私と母の6年前の年齢の和は，54－6×2＝42(歳)で，6年前は母の年齢が私の年齢の6倍だったから，6年前の私の年齢の1＋6＝7(倍)が42歳にあたる。よって，6年前の私は，42÷7＝6(歳)，母は6×6＝36(歳)であった。現在は私が6＋6＝12(歳)，母は36＋6＝42(歳)である。

□年後の私の年齢は(12＋□)歳で，(12＋□)×3＝36＋□×3(歳)が□年後の母の年齢(42＋□)歳と同じになるから，□×2(歳)が42－36＝6(歳)にあたる。よって，□＝6÷2＝3より，母の年齢が私の年齢の3倍になるのは今から3年後である。

(2) 【解き方】道のりが同じとき，速さの比はかかった時間の比の逆比に等しい。

兄と弟のかかった時間の比が42：24＝7：4だから，兄と弟の進む速さの比は4：7である。同じ時間に進む道のりの比は，速さの比に等しくなるから，兄と弟が同じ時間に進む道のりの比は4：7になる。よって，兄の歩く道のりと弟が兄より多く進む道のりの比は4：(7－4)＝4：3だから，兄が1000m歩いたとき，弟は自転車で兄より，$1000×\frac{3}{4}=750$(m)多く進んでいる。

(3) 【解き方】Bの立体の体積と，Aの底面積から考える。

おもりBの体積，$10 \times 10 \times 22.5 = 2250$（㎤）は，底面積が $15 \times 15 = 225$（㎠），高さが $2250 \div 225 = 10$（cm）の直方体の体積と等しい。よって，容器Aの水面の高さは，$22.5 - 10 = 12.5$（cm）

⑷　【解き方】りんごと，みかん・かきに分けたつるかめ算で解く。

りんご 47 個の代金は，$120 \times 47 = 5640$（円）になり，実際の代金より $5640 - 3300 = 2340$（円）多い。かきを 1 個買うとするとみかんは 2 個買うことになるので，りんご 3 個をみかん 2 個とかき 1 個にかえると，代金の合計は，$120 \times 3 - (50 \times 2 + 80 \times 1) = 180$（円）安くなるから，かきは $2340 \div 180 = 13$（個），みかんは $13 \times 2 = 26$（個），りんごは，$47 - 13 - 26 = 8$（個）買ったことになる。

⑸　【解き方】かかる時間は長さに比例する。

光が地球 1 周をするのにかかる時間は，$1 \div 7.5 = \dfrac{1}{7.5} = \dfrac{2}{15}$（秒）である。よって，太陽 1 周分の距離を進むのにかかる時間は，$\dfrac{2}{15} \times \dfrac{438\,万}{4\,万} = 14.6$（秒）

3 ⑴　【解き方】ポンプAから抜く水の量を，毎分①Lとすると，ポンプBから抜く水の量は，毎分 ⒈④ L になる。

タンクの容積をXLとすると，ポンプAが 1 時間 50 分で抜いた水の量は ①$\times 110 = $⑩で，これは $X + 8 \times 110 = X + 880$（L）と等しい。ポンプBが 50 分で抜いた水の量は ⒈④$\times 50 = $⑦で，これは $X + 8 \times 50 = X + 400$（L）と等しい。したがって，⑩$-$⑦$=$④の水の量は，$880 - 400 = 480$（L）と等しいから，ポンプAから抜く水の量は，毎分 $(480 \div 40)$ L ＝毎分 12 L

⑵　【解き方】タンクの容積，ポンプBから 1 分間に抜く水の量を求める。

⑴より，タンクの容積は，$12 \times 110 - 880 = 440$（L），ポンプBから抜く水の量は，毎分 (12×1.4) L ＝毎分 16.8 L とわかる。したがって，ポンプAとBを同時に使うと，タンクの中の水は 1 分あたり，$12 + 16.8 - 8 = 20.8$（L）の割合で減っていく。ポンプAとBを 15 分間使って水を抜いたときのタンクの水は，$440 - 20.8 \times 15 = 128$（L）である。15 分後からは，ポンプAだけで水を抜くので，タンクの中の水は 1 分あたり，$12 - 8 = 4$（L）の割合で減っていくから，ポンプAだけで水を抜いたのは，$128 \div 4 = 32$（分間）

4 ⑴　【解き方】グラフと図形Bの形から，図形Aと図形Bの位置関係は，1.6 秒後が右図 1，⑦秒後が右図 2 のようになる。

⑦は，図形Bが 1.6 秒間に進んだ長さに等しく，⑦$=1.25 \times 1.6 = 2$

④は，図形Bが 8 ㎝を進む時間に等しく，④$=8 \div 1.25 = 6.4$

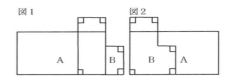

⑵　【解き方】7 秒後は右図 3 のような位置関係になる。

7 秒間に進む長さは $1.25 \times 7 = 8.75$（cm）だから，図 3 の⑦の長さは，$8.75 - 8 = 0.75$（cm）

8.8 秒間に進む長さは $1.25 \times 8.8 = 11$（cm）だから，図 3 の㋔の長さは，$11 - 8 - 2 = 1$（cm）

よって，重なる部分の面積は，縦が 3 ㎝で横が $1 + 2 - 0.75 = 2.25$（cm）の長方形の面積から，縦が $3 - 2 = 1$（cm）で横が 1 ㎝の正方形の面積を引いて，$3 \times 2.25 - 1 \times 1 = 5.75$（㎠）

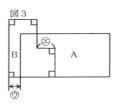

5 【解き方】$\dfrac{1}{1} \mid \dfrac{1}{2}，\dfrac{3}{2} \mid \dfrac{1}{3}，\dfrac{3}{3}，\dfrac{5}{3} \mid \dfrac{1}{4}，\dfrac{3}{4}，\dfrac{5}{4}，\dfrac{7}{4} \mid \dfrac{1}{5}，\dfrac{3}{5}，\dfrac{5}{5}，\dfrac{7}{5}，\dfrac{9}{5} \mid \dfrac{1}{6}$，…と分母が同じ数を同じグループとして考えると，1 つのグループの中の分数の個数は，分母の数と等しい。

⑴　1 ～ 9 までの連続する整数の和は 45 で，1 ～ 10 までの連続する整数の和は 55 だから，はじめから 50 番目の分数は，分母が 10 である分数のグループの $50 - 45 = 5$（番目）の分数である。1 つのグループの中の分数の分子は，1 から始まる連続する奇数だから，5 番目は 9 である。よって，はじめから 50 番目は $\dfrac{9}{10}$ である。

(2)　1〜11までの連続する整数の和は55＋11＝66だから，70番目の分数は，分母が12である分数のグループの70－66＝4（番目）の$\frac{7}{12}$である。各グループの和を求めると，1グループ目が1，2グループ目が2，3グループ目が4，…となっていることから，nグループ目の和はnになる。

12グループ目の1番目から4番目までの分数の和は，$\frac{1}{12}＋\frac{3}{12}＋\frac{5}{12}＋\frac{7}{12}＝\frac{16}{12}＝1\frac{1}{3}$だから，はじめから70番目までの分数の和は，　$1＋2＋3＋4＋\cdots＋11＋1\frac{1}{3}＝67\frac{1}{3}$

6　【解き方】電灯の光によって地面にできる影は，右図の色をつけた部分になる。

右図のように記号をおき，同じ形の三角形を見つけて長さを求めていく。

三角形ＯＡＢと三角形ＯＣＤは同じ形の直角三角形で，三角形ＯＡＢの

直角をはさむ2辺の比がＯＡ：ＡＢ＝2：1だから，ＯＣ：ＣＤも

2：1になるので，ＣＤ＝ＯＣ×$\frac{1}{2}$＝3×$\frac{1}{2}$＝1.5（m）

三角形ＯＡＥと三角形ＯＣＦについても同様にして，ＯＣ：ＣＦ＝

ＯＡ：ＡＥ＝2：1だから，ＣＦ＝ＯＣ×$\frac{1}{2}$＝1.5（m）

よって，①の面積は，1.5×1.5－1×1＝1.25（㎡）

三角形ＯＡＧと三角形ＯＣＨは同じ形の直角三角形で，ＯＡ：ＡＧ＝2：2＝1：1だから，ＯＣ：ＣＨも

1：1になるので，ＣＨ＝ＯＣ＝3m

ＣＩの長さは，ＣＤの長さと同じになるので，ＣＪ＝ＣＤ＝1.5m

②の面積は，3×1.5－2×1＝2.5（㎡）

したがって，地面にできる影の面積は，①＋②＝1.25＋2.5＝3.75（㎡）

《2021　Ａ日程　理科　解説》

問1

(1)　ウ○…教室と冷蔵庫で光の条件を同じにするために，教室に置く試験管におおいをかぶせる。

(2)　イ○…Bは種子の下部だけが水につかっているので空気を得られるが，Cは種子全体が水の中に入っているので空気を得られない。

(3)　ア○…Dはかわいただっし綿の上にあるので水が得られないが，Eはしめったただっし綿の上にあるので水が得られる。

(4)　ある条件について調べたいときは，その条件だけが異なる2つの実験の結果を比べる。

(5)　イ○…インゲンマメの種子の発芽に必要な条件は，水，空気，適当な温度である。この3つの条件がそろっているのはBだけである。

(6)①　D○…A〜Cは根，くき，葉になる部分である。　　②　ヨウ素液をでんぷんにつけると青むらさき色に変化する。　　③　ウ○…でんぷんは子葉にたくわえられている。　　④　エ○…子葉にたくわえられたでんぷんは発芽やその後の成長に使われるので，インゲンマメが育つにつれて，しなびて取れる。

(7)　ウ○…ダイズはタンパク質を多くふくむことから，畑の肉と呼ばれることもある。

(8)　エ○…発芽したダイズやリョクトウを，光を当てずに育てると，もやしをつくることができる。

(9)　ウ×…アサガオの種子を食べるとお腹を下すことから，下剤として用いられていた時代もある。

問2

(1)①　イ×…大陸プレートの上にも海がある。　　ウ×…プレートの厚さはおよそ100 kmである。　　エ×…プレートの境目を震源とする地震の他に，プレートの中を震源とする地震もある。　　②　エ○…海洋プレートのフィリピン海プレートが大陸プレートのユーラシアプレートの下にしずみこんでいる。

(2)② 震度は地震によるゆれの程度で，0，1，2，3，4，5弱，5強，6弱，6強，7の10段階で表す。

③ イ○…震度0でも地震は起きているが，人はゆれを感じない。　　⑤ ア×…マグニチュード5以上の地震が，日本付近の太平洋側の大陸プレートと海洋プレートの境目付近で多く発生している。

(3)① エ○…2月17日は1年の中で31+17＝48(日)目だから，あと365−48＝317(日)残っている。したがって，今から46億×$\frac{317}{365}$＝39.9…→40億年前となる。　　② イ○…365×$\frac{6600万}{46億}$＝5.2…(日)となるので，12月26日である。　　④ エ○…46億年を365日におきかえると1日は46億÷365＝0.126…億(年)→1260万年となるので，約77万年前から約13万年前の時代は12月31日である。

問3

(1)　20℃の水50gにAは31.6×$\frac{50}{100}$＝15.8(g)溶けるので，30−15.8＝14.2(g)が溶け残る。

(2)　Cの60℃と0℃での溶解度の差を求める。57.3−5.7＝51.6(g)となる。

(3)　Bは10℃の水100gに38.0g溶けて，138gの飽和水溶液ができる。したがって，飽和水溶液100gには，38.0×$\frac{100}{138}$＝27.53…→27.5gのBが溶けている。

(4)　エ○…水100gで考える。60℃の水100gにBを38.0g溶かしてできる飽和水溶液138gを20℃まで冷やすと，38.0−35.8＝2.2(g)のBが出てくるので，飽和水溶液100gでは，2.2×$\frac{100}{138}$＝1.59…(g)のBが出てくる。

(5)　水溶液を0℃まで冷やすと，Aは50−13.3＝36.7(g)，Bは37−35.6＝1.4(g)溶け残るので，AとB合わせて36.7+1.4＝38.1(g)取り出せる。

(6)　38.1g中に，Aが36.7gふくまれているので，36.7÷38.1×100＝96.32…→96.3%となる。

(7)　A36.7gのうち，36.7−13.3＝23.4(g)が取り出せる。Bは取り出せない。

(8)　Aしか取り出せないので，Aの純度は100%である。

(9)　1回目の再結晶で96.3%だった純度が，2回目で100%になった。

(10)　ウ○…Dの飽和水溶液をガスバーナーで熱すると，Dがこげてしまったことから，Dは砂糖である。

(11)　イ○…60℃のDの溶解度(287.3g)との差が97gになる，溶解度が287.3−97＝190.3(g)の温度まで冷やしたことになる。表より，この溶解度になる温度は0℃と20℃の間だとわかるので，10℃である。

問4

(1)　ウ○…空気はおし縮められる(B)が，水はおしても体積が変わらない(D)。

(2)　イ○…空気の分だけおし縮められる。実験4では，空気の量が実験1の半分だから，おし縮められる空気の量も半分である。

(4)③　イ○…②と同じ理由で，発泡スチロールは小さくなった。

(5)　ア，イ，ウ○…ストローから息をふきこむことで，ペットボトルの中の空気が水をおして，もう一方のストローから水がふき出る。　　エ○…息をふきこむストローの先が水の中にあるので，ふきこんだ息がペットボトルの中の水を押し，もう一方のストローから水がふき出る。　　オ×…水をふき出そうとする方のストローの口が水の中に入っていないので，水がふき出ない。

(6)　Ⅱではaからcへ水が移動し，Ⅲではcからbへ空気が移動することで，bの水が押されてⅠから水がふき出す。

(7)　ウ○…bには水が入ってこないので，bの水が減って，水位がⅠの先端よりも下がったときに，水のふき出しが止まる。

═《2021　Ｂ日程　国語　解説》═

一　問三あ　少し後の「親元にいる」と「 あ しない」は同じような意味である。親元を離れた子どもについて、──4の次の行で「一度独立した子ども」と表現している。　　い　直後に「だったが」とあるので、さらに少し後の「優し」いとは対照的な意味のことばが入ると考えられる。ここより前で、しつこく縄張りに留まろうと」する「子どもに対して攻撃的になるのはオスのほうである」と書かれている。　　う　人間に親近感を持たせることにつながる、鳥の特徴を読み取る。直後の「を作る」につながるのは「ペア」である。

問四　直前の一文にある「巣の周り 10 メートルほどを辛うじて防衛していた例」は、カラスの「ペアの密度が高すぎる場合」に「縄張り」が「極端に狭くな」ったときの具体例である。縄張りが狭すぎることで、よその雛が迷い込んできても気づかないのである。

問五　同じ段落に「非常にためらいがちではあったが～雛を守ったのを見たことがある」とある。メスほどは積極的に子育てに関わらないオスだが、雛を守るという「行動パターン」を持っていないわけではないということ。このことを「育児に慣れていないお父さんがオムツを替えているよう」だと表現している。

問六　前の行の「親鳥が子どもを追い出しにかかる」や、──3の後の内容から、「空中戦をやっている」のは、若鳥とその父親であることが読み取れる。父親は子どもを追い出そうとするが、子どもは「逃げ出そうとせず、しつこく縄張りに留まろうと」するので、「闘争がエスカレートする」、つまり、「空中戦」は「激烈」になるのである。

問七　ここでの「赤の他人」と同じ意味で使われていることばは、前の行にある「単なる侵入者」である。──3の直後の文に「縄張りに侵入したよそ者」とあり、この「よそ者」も同じ意味で使われている。

問八　直前の「一度独立した子どもが何らかの理由で戻って来て」と、2つ前の段落の「巣立った雛によく似た若鳥が、1カ月ほど後にヒョイと姿を現し」は、ほぼ同じ意味の内容。「実家」は、自分の生まれた家、両親の家という意味なので、ここでは親の縄張りを指している。

二　問三　直後の「私、南条中に行くの」という言葉から、このことでなやんでいたことが読み取れる。少し後の「『奥村先生に言われたんでしょう？　南条中に来いって』　薫は無言だったが、その表情がすべてを語っていた。欣子の言葉の通りなのだろう」より、奥村先生から南条中に来るように誘われたことがわかる。

問四　欣子が「進路のこと」にふれて一通り説明した直後、「薫は少しだけ驚いた表情で欣子を見つめ、『ごめん』と呟」いた。このことから、欣子の説明がだいたい合っていることがわかる、薫は自分の進路のことも考え、今のチームを離れて南条中に行くと決めたのである。そして、自分が抜ければこのチームは勝てなくなること、今までいっしょにがんばってきたのに自分の都合でチームを離れることなどを、心苦しく思っているのである。

問五　亜利子は「あんた、自分のことしか考えてないじゃん～自分だけよければいいの？」と薫を責めている。一方、欣子は「自分の将来を考えて生きることの、どこが悪いの？　私は、薫は間違ってないと思う」と言っている。

問六　──4は、薫が自分の進路を考え、今のチームを離れて南条中に行くことについて言ったもの。欣子は、奥村先生は「薫の能力を最大限に引き出すために」自分の元に呼ぼうとし、「薫は、その可能性に懸け」て南条中に行くのだと説明した。つまり、薫はバスケットボールの世界で、自分の「能力を最大限に引き出す」ことを目指して南条中に行くことを決めたのである。それは同時に今のチームでバスケットボールを続けることを諦めるということでもある。

問七　――5をふくむ「薫は『わかってる』と微笑んだ。亜利子のことはよくわかってるから、と」は、直前の七美の言葉に対する反応。直前で七美は「亜利子ってね、人前で泣けないの。だからあんなふうに意地悪になっちゃうの」と言っている。

問八　少し前に「亜利子が～止める間もなく歩き去っていく」とあり、七美も「私も帰るね」と言って「腰を浮か」せた。残り四人の名前を、ここより前の文章からひろっていけばよい。

三　①　敬意を表す相手の動作には尊敬語を用いる。よって、「校長先生」の動作である「言う」は、尊敬語の「おっしゃる」などに直す。　③　敬意を表す相手の動作には尊敬語を用いる。よって、「皆様」の動作である「食べる」は、尊敬語の「めし上がる」などに直す。　⑤　敬意を表す相手の動作には尊敬語を用いる。よって、話している相手の動作である「会う」は、尊敬語の「お会いになる」などに直す。

══《2021　Ｂ日程　算数　解説》══

1　(1)　与式＝108－14×4＝108－56＝52

(2)　与式＝90.5－3.74＝86.76

(3)　与式＝$\frac{1}{6}×(2×\frac{5}{2}+\frac{3}{7}-2)=\frac{1}{6}×(5+\frac{3}{7}-2)=\frac{1}{6}×3\frac{3}{7}=\frac{1}{6}×\frac{24}{7}=\frac{4}{7}$

(4)　与式＝$\{(\frac{28}{10}+\frac{7}{3})×\frac{55}{28}-6\}×\frac{6}{7}=\{(\frac{42}{15}+\frac{35}{15})×\frac{55}{28}-6\}×\frac{6}{7}=(\frac{77}{15}×\frac{55}{28}-6)×\frac{6}{7}=(\frac{121}{12}-\frac{72}{12})×\frac{6}{7}=\frac{49}{12}×\frac{6}{7}=\frac{7}{2}=3\frac{1}{2}$

2　(1)　【解き方】比の数の差に注目する。

(31.4＋□)と(18.6＋□)は、同じ数を足しているので、差は31.4－18.6＝12.8である。これが比の数の差である、3－2＝1にあたるので、18.6＋□＝12.8×2より、□＝25.6－18.6＝7

(2)　【解き方】(平均点)×(人数)＝(合計点)を考える。

90点と60点を取った人の点数の合計は、90×12＋60×20＝2280(点)であり、12＋20＝32(人)全員が72点を取ったときの合計点より、72×32－2280＝24(点)少ない。75点を取った人は、平均点より75－72＝3(点)高いから、75点の人が平均点より高い分の合計は、さきほどの不足分24点と等しくなる。よって、75点を取った人は、24÷3＝8(人)

(3)　【解き方】値上がりしたことで、買えなくなったボールペンの金額を考える。

買えなかった13本のために用意したお金50×13＝650(円)を、買ったボールペン1本ごとに60－50＝10(円)使ったので、買った60円のボールペンの本数は、650÷10＝65(本)である。

よって、持っていったお金は、50×(65＋13)＝50×78＝3900(円)

(4)　【解き方】A組に分けるアメの個数が変わっていないことに注目する。

B組に分けるアメの個数を、1人あたり7－4＝3(個)増やすと、必要なアメの個数が27＋9＝36(個)増えるから、B組の人数は36÷3＝12(人)、A組の人数は12＋4＝16(人)になる。

よって、アメの個数は、5×16＋4×12＋27＝155(個)

(5)　【解き方】右の「1つの角を共有する三角形の面積」の求め方を使って，斜線部分以外の面積を考える。右図のように記号を追加する。

1つの角を共有する三角形の面積
右図のように三角形PQRと三角形PSTが1つの角を共有するとき，三角形PSTの面積は，
(三角形PQRの面積)×$\dfrac{PS}{PQ}$×$\dfrac{PT}{PR}$
で求められる。

また，三角形ABCの面積をSとして考える。

三角形ADFの面積は，　S×$\dfrac{AD}{AB}$×$\dfrac{AF}{AC}$＝S×$\dfrac{1}{3}$×$\dfrac{1}{4}$＝S×$\dfrac{1}{12}$である。

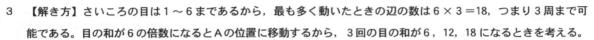

同様にして，三角形BEDの面積は，　S×$\dfrac{BD}{BA}$×$\dfrac{BE}{BC}$＝S×$\dfrac{2}{3}$×$\dfrac{1}{3}$＝S×$\dfrac{2}{9}$

三角形CFEの面積は，　S×$\dfrac{CF}{CA}$×$\dfrac{CE}{CB}$＝S×$\dfrac{3}{4}$×$\dfrac{2}{3}$＝S×$\dfrac{1}{2}$

よって，三角形ABCのうち，三角形DEF以外の面積の和は，

S×$\dfrac{1}{12}$＋S×$\dfrac{2}{9}$＋S×$\dfrac{1}{2}$＝S×$\left(\dfrac{1}{12}+\dfrac{2}{9}+\dfrac{1}{2}\right)$＝S×$\dfrac{29}{36}$になるから，三角形DEFの面積は，

S－S×$\dfrac{29}{36}$＝S×$\left(1-\dfrac{29}{36}\right)$＝S×$\dfrac{7}{36}$

よって，斜線部分の面積は，三角形ABCの面積の$\dfrac{7}{36}$倍である。

3　【解き方】さいころの目は1～6まであるから，最も多く動いたときの辺の数は6×3＝18，つまり3周まで可能である。目の和が6の倍数になるとAの位置に移動するから，3回の目の和が6，12，18になるときを考える。

3回の目の和が6になるとき，目の数のパターンは，(1，1，4)(1，2，3)(2，2，2)が考えられる。

(1，1，4)の目の出方は，4の出る回数の場合に等しく3通りある。

(1，2，3)の目の出方は，3×2×1＝6(通り)ある。

(2，2，2)の目の出方は1通りあるので，目の和が6になる場合は3＋6＋1＝10(通り)ある。

3回の目の和が12になるとき，目の数のパターンは(1，5，6)(2，4，6)(3，3，6)(2，5，5)(3，4，5)(4，4，4)が考えられる。

(3，3，6)(2，5，5)の目の出方は，先ほどの(1，1，4)と同じ3通りずつある。

(1，5，6)(2，4，6)(3，4，5)の目の出方は，先ほどの(1，2，3)と同じ6通りずつある。

(4，4，4)の目の出方は1通りあるので，目の和が12になる場合は3×2＋6×3＋1×1＝25(通り)ある。

3回の目の和が18になるとき，目の数のパターンは(6，6，6)だけで，目の出方は1通りある。

よって，3回の目の出方は，10＋25＋1＝36(通り)ある。

4　【解き方】右のような，円柱から円すいをくり抜いた図形ができる。

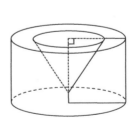

右図の立体は，底面の半径が5cmで高さが5cmの円柱から，底面の半径が，5－2＝3(cm)で高さが5－1＝4(cm)の円すいをくり抜いてできる図形になる。下面，上面，外の側面，内の側面の4つに分けて面積を求める。

下面の面積は，　5×5×3.14＝25×3.14(cm²)

上面の面積は，25×3.14－3×3×3.14＝(25－9)×3.14＝16×3.14(cm²)

外の側面を展開すると，縦の長さが立体の高さの5cmで，横の長さが立体の底面の周囲の長さの10×3.14(cm)に等しい長方形になるので，外の側面の面積は，　5×(10×3.14)＝50×3.14(cm²)

内の側面は，底面の半径が3cmで高さが4cmの円すいの側面に等しい。円すいの側面積は，

(底面の半径)×(母線)×(円周率)で求められるので，その面積は，　3×5×3.14＝15×3.14(cm²)

表面積は，25×3.14＋16×3.14＋50×3.14＋15×3.14＝(25＋16＋50＋15)×3.14＝106×3.14＝332.84(cm²)

5 (1) 　【解き方】図とグラフを見ると，15分間に入った水は，底面が50×30＝1500(cm²)で高さが12cmの直方体の部分を満たしたとわかる。

15分間に入った水の量は，50×30×12＝18000(cm³)だから，入れた水の割合は，毎分(18000÷15)cm³＝毎分1200cm³

(2) 　【解き方】水槽の容積は，27分間に入れた水の体積と等しい。水槽を右のように，縦に3つに分けると，Bの直方体の高さを求めることができる。

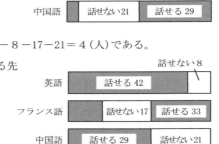

水槽の容積は，1200×27＝32400(cm³)

右図のAの部分の体積は，22×30×12＝7920(cm³)，Cの部分の体積は，12×30×40＝14400(cm³)だから，Bの部分の体積は，32400−7920−14400＝10080(cm³)

Bの部分の底面積は，(50−22−12)×30＝480(cm²)だから，Bの部分の高さは，10080÷480＝21(cm)である。

よって，底面積が12×30＝360(cm²)で高さが40−21＝19(cm)の直方体の体積を水でいっぱいにするのにかかる時間は，360×19÷1200＝5.7(分)だから，㋐＝27−5.7＝21.3

6 (1) 　【解き方】右のような線分図を描いて考える。色をつけた部分が話せる人，色をつけていない部分が話せない人を表し，英語とフランス語と中国語すべてを話せる人は，縦に線分図を見たときに，どの線分図でも色がついている部分とする。

英語とフランス語と中国語すべてを話せる人は，英語とフランス語と中国語すべてを話せない人がいない場合に最も少なくなる。

このとき，2か国語を話せる人を最大にすれば，3か国語すべてを話せる人は最も少なくなる。よって，英語とフランス語と中国語すべてを話せる先生は，少なくとも50−(50−42)−(50−33)−(50−29)＝50−8−17−21＝4(人)である。

(2) 　今度は，英語を話せなくてフランス語と中国語を話すことができる先生はいないから，右図のようにすれば，3か国語すべてを話せる人は，最も少なくなる。よって，英語とフランス語と中国語すべてを話せる先生は，少なくとも50−21−17＝12(人)である。

═══════════════════ 《Ａ日程　国　語》 ═══════════════════

一　問一．ａ．単純　ｂ．常連　ｃ．興味　ｄ．容姿　ｅ．生やし　ｆ．異様　　問二．Ａ．オ　Ｂ．ア
　　Ｃ．イ　Ｄ．ウ　Ｅ．エ　　問三．結末はどれも主人公が大成してめでたしめでたし、というものなので、物語性
を重視する少年だった僕には物足りなかったから。　　問四．そもそも、何も成し遂げられずに死んだ人は偉人で
はないから。　　問五．正直者のエイブラハム少年の心温まる逸話　　問六．足のサイズがデカかったこと。
問七．リンカーンは若い頃、レスラーであり、二九九勝一敗と最強であったこと。　　問八．髭を一月伸ばした程
度では見栄えのするものにはなかなかならないから。　　問九．雲の上の人　　問十．容姿に自信がなく、それを
隠すため。／ある少女からもらった手紙に、髭を生やした方が素敵であり、髭を伸ばせば大統領になれるとあった
から。

二　問一．ａ．文脈　ｂ．教師　ｃ．済ん　ｄ．補う　ｅ．鼻　ｆ．観光　ｇ．責める　ｈ．類推　ｉ．識別
問二．Ａ．イ　Ｂ．エ　Ｃ．ア　Ｄ．ウ　Ｅ．オ　　問三．Ａ．ア　Ｂ．ウ　Ｃ．ウ　　問四．同じ発音でも複数
の意味を持つ　　問五．日本語では使わない音だから。　　問六．話し手の発声能力に依存している点。
問七．始め…耳から聞い　終わり…行っている　　問八．幼少のころから推理を働かせて言葉を聞くという訓練を
してきていないから

三　［ア，イ］ａ．［干，満］　　ｂ．［寒，暖］　　ｃ．［善，悪］　　ｄ．［開，閉］　　ｅ．［長，短］
　　ｆ．［往，復］

═══════════════════ 《Ａ日程　算　数》 ═══════════════════

1　(1)527　　(2)9.8　　(3)$\frac{11}{12}$　　(4)0.96

2　(1)18　　(2)400　　(3)7.75　　(4)84

※3　43通り

4　(1)毎分2.5Ｌ　　※(2)㋐14　㋑31.5

※5　5台

※6　(1)44㎤　　(2)18個

※の式または考え方は解説を参照してください。

═══════════════════ 《Ａ日程　理　科》 ═══════════════════

問1　(1)ア，オ　　(2)①はく動　②動脈　　(3)ア　　(4)①毛細血管　②ウ　③小腸の表面積が広くなることで水分や養
　　分を吸収しやすくなる点。　　(5)イ　　(6)あ，い，う，お　　(7)b，d　　(8)エ

問2　(1)①京　②エ　　(2)エ

問3　(1)①酸　②アルカリ　③中和　　(2)ウ　　(3)E　　(4)食塩　　(5)3.6　　(6)エ　　(7)79%　　(8)H，I
　　(9)I→H→G→F　　(10)イ　　(11)15mL　　(12)30mL　　(13)①ア　②ウ

問4　(1)①ウ　②ア　　(2)D　　(3)扇状地や三角州の石より大きく，角ばっている。　　(4)ア，イ　　(5)①ウ　②ウ
　　(6)イ　　(7)ア　　(8)エ　　(9)①エ　②砂防

問5　(1)イ　　(2)ア　　(3)①ア　②イ　　(4)ア，イ，ウ　　(5)①ア，イ　②ア，イ

一　問一．a．吸収　b．品種　c．日数　d．待ち　e．消費者　f．包丁　g．敬遠　　問二．A．カ　B．オ　C．エ　D．イ　E．ア　　問三．共通点…「渋み」の成分が同じ「タンニン」という物質である。

相違点…クリの渋みは渋皮のようにまとまってあるが、カキの渋みは果肉や果汁の中に溶け込んでいること。

問四．アセトアルデヒド／不溶性／口の中で溶けない／渋みが感じられなく　　問五．C　　問六．タネができる前の若いときには、虫や鳥に食べられないように渋みを含み、タネができあがってくると、鳥などの動物に食べてもらえるように甘くなり、タネを運んでもらう点。　　問七．もともとは渋柿であり、甘くなるまでに時間がかかる。　　問八．香りがなく、包丁で皮を剥きにくい上に、果肉の中にあるゴマのような黒い斑点がおいしそうに見えないこと。

二　問一．a．朗読　b．苦手　c．程度　d．呼ば　e．面談　f．発揮　g．対局　h．反応

問二．A．カ　B．ア　C．オ　D．エ　E．イ　F．ウ　　問三．成績は冴えなくて何に対しても自信が持てなくて、いるのかいないのかわからない存在　　問四．詩の才能があると苅間澤先生にほめられたこと。

問五．いつになく興奮した様子　　問六．生まれて初めて書きたいと思って書いた作文だから。　　問七．英語塾の教師で言葉にはうるさく、ぼくの文章を一度もほめたことがないところ。　　問八．何かに熱中して、上手になったことがある人。　　問九．自分のすべてを肯定された

三　①二　②千　③七十五　④七　⑤九　⑥五

1　(1)4356　(2)6.78　(3)$1\frac{1}{3}$　(4)$\frac{2}{3}$

2　(1)120　(2)95　(3)7.5　(4)42　(5) 12 17 22 ✕ ✕

※**3**　25通り

※**4**　94.41 ㎠

5　(1)姉…分速150m　妹…分速90m　※(2)100

6　(1)25秒後　(2)13分20秒後　※(3)6分35秒　※(4)最短…47分5秒　最長…47分30秒

※の式または考え方は解説を参照してください。

━《2020 A日程 国語 解説》━

一 問三 4行目の「子供の頃から伝記は好きではなかった」に続く3文からまとめる。「結末はどれも主人公が大成してめでたしめでたし」というような物語は、単調で、平坦（へいたん）で、先が読める。つまり、起伏（きふく）に富んだ物語性にとぼしい。だから「物語性を重視する少年だった『僕（ぼく）』には」、ひどく物足りなく思えた。

問四 「偉人（いじん）」とは、世のためになるような立派なことを成し遂（と）げた人、偉大な人。文の後半の「そもそもその人は偉人ではないので、あるわけはない」の「その人」が指しているのは「失敗して、何も成し遂げられずに死んでいくような」人。

問五 直後の「〜をいちいち紹介（しょうかい）はしないが、どれも」に続く部分。「それら」について、「いい話」だが「読み物として面白（おもしろ）いのか」と疑問を投げかけている。

問六 その前の「これ」と同じで、この段落の最初の1文を指している。

問七 直前の3文の内容を指している。

問八 リンカーンが少女から「髭（ひげ）をはやした方が素敵（すてき）〜髭を伸（の）ばせばきっと大統領になれる」という手紙を貰（もら）ったのが十月で、大統領選が十一月である。「一月伸ばした程度では見栄（みば）えする髭にはなかなかならない」ので、──6のように言っている。「疑問符（ぎもんふ）（?）がつく」というのは、疑わしいということ。

問九 「偉人リンカーンを身近に感じるエピソード」とあるので、エピソードを知らなければ、「偉人」はもともと身近に感じにくい人ということになる。（ C ）のあとで、「これ（＝偉人のエピソードを知る）だけで、雲の上の人が身近に感じられる」とあるので、偉人を「雲の上の人」と表現していることが分かる。最後の段落で端的（たんてき）に述べているように、子供たちがもっと偉人を身近に感じられるように面白いエピソードを知らせるべきだと言っている。

問十 「〜という説がある」「ただし異説もあって〜」という部分に着目する。

二 問二A 「ひどく苦労しますね」「比較的（ひかくてき）楽に頭に入ってきます」と前後でほぼ逆の場合について述べているので、イの「しかし」が適する。 B そこまで述べてきた内容、特に直前の1文から当然のこととして以下のことを述べているので、エの「ですから」が適する。 C 前の2文で述べたことを前提にして、あるいはこのことを胸に留めた上で、英国の場合に移ることを述べている。よってアの「では」が適する。 D 英語において、日本人にとっては雑音にしか聞こえないような子音をも利用して、単語を言い分けている場合の具体的な例をあげている。よって、例をあげていることを示すウの「たとえば」が適する。 E 「もちろん彼（かれ）ら（＝融通（ゆうずう）が利かないように見えるアメリカ人）を責めることはできません」と述べ、その理由として以下のことを述べているので、オの「なぜなら」が適する。

問三A 引用を表す「と」。アも「それがよい」は思う内容で、（ ）でくくって考えることができる。よってアが適する。 B 動作・作用の原因・理由を表す「から」。よってウが適する。 C 二つの動作や状態が同時に行われていることを示す「ながら」。よってウが適する。

問五 日本人の発音が英米人に通じない理由の第1に、発音数の差（日本語は発音数が少ない）をあげているところから、推測できる。

問六 ──3の3〜4行後に「英語は『話し手』の発声能力に依存（いぞん）した言語」「日本語は『聞き手』の想像力を頼（たよ）りに」して会話をすると、両者を比較（ひかく）する形で述べられている。この部分から「発声技巧（ぎこう）の言語」とは、英語の、話し手の発声能力に依存しているという点を指していると考えられる。

問七　「『聞き手』の想像力」について述べられている部分を探す。──1をふくむ文に「私たち(=日本人)は耳から聞いた言葉の意味を、多数の『同音異義語』の組み合わせの中から的確に選び抜いて、瞬時に理解するという高度な処理を行っているのです。想像しながら聞く。そう、日本語とは『推理の言語』なのです」とある。ここから具体的にどのようなことをしているのかがわかる部分をぬき出す。

問八　最後の段落の「もちろん彼らを責めることはできません」は、──5について言っており、その理由を次の文で述べている。それは、日本語は「推理の言語」で、英語は「発声技巧の言語」という違いから来ており、「それは優劣の問題ではなく、文化の違いとしか言いようがありません」と述べている。

═《2020　Ａ日程　算数　解説》═

1 (1) 与式＝(4925＋3507)÷16＝8432÷16＝527

(2) 与式＝3.2×2.8＋0.87×10×2.8－84×0.1×2.8＝(3.2＋8.7－8.4)×2.8＝3.5×2.8＝9.8

(3) 与式＝$\frac{24}{36}-\frac{6}{36}+\frac{4}{36}-\frac{3}{36}+\frac{14}{36}=\frac{33}{36}=\frac{11}{12}$

(4) 与式＝$\frac{14}{5}×(\frac{79}{9}÷\frac{17}{3}÷\frac{7}{3})×\frac{17}{10}+4.3-6.5=\frac{14}{5}×\frac{79}{9}×\frac{3}{17}×\frac{3}{7}×\frac{17}{10}+4.3-6.5=\frac{79}{25}+4.3-6.5=3.16+4.3-6.5=0.96$

2 (1) □は59－5＝54と82－10＝72の公約数のうち，10より大きい数である。54と72の最大公約数は，右の筆算より2×3×3＝18だから，18の約数のうち10より大きい数を求めればよい。条件に合う数は，18だけである。

```
2) 54  72
3) 27  36
3)  9  12
    3   4
```

(2) 右図のように，上底4cm，下底6cm，高さ10cmの台形を底面とし，高さが8cmの四角柱ができるから，その体積は，{(4＋6)×10÷2}×8＝400(cm³)

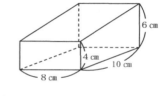

(3) 右のてんびん図を利用して考える。a：bは，食塩水の量の比である300：200＝3：2の逆比に等しくなるので，a：b＝2：3となる。これより，a：(a＋b)＝2：5となるから，a＝(8－5)×$\frac{2}{5}$＝1.2(%)なので，2つの食塩水を混ぜ合わせた段階では，5＋1.2＝6.2(%)の食塩水ができる。水を100g蒸発させると，食塩水の量は$\frac{500-100}{500}=\frac{4}{5}$(倍)になり，ふくまれる食塩の量は変わらないから，濃度は$\frac{4}{5}$の逆数の$\frac{5}{4}$倍になるので，6.2×$\frac{5}{4}$＝7.75(%)になる。

(4) 時速72kmで進む健太くんの横に，列車Bの先頭が並んでから列車Bの最後尾が並ぶまでの時間が45秒ということである(列車Aの長さを使う必要がない)。したがって，時速72kmと列車Bの速さの差は，秒速$\frac{150}{45}$m＝秒速$\frac{10}{3}$m，つまり，時速($\frac{10×60×60}{3×1000}$)km＝時速12kmだから，列車Bの速さは，時速(72＋12)km＝時速84km

3 球を1個並べる場合，2個並べる場合，3個並べる場合，…と順番に調べていくと，規則性が見つかる。

球を1個並べる場合，並べ方は白，黒，赤の3通りある。

球を2個並べる場合，最初に白，黒を並べると2個目は赤に決まるから2通りの並べ方があり，最初に赤を並べると2個目は「球を1個並べる場合」と同じだから，全部で，2＋(球を1個並べる並べ方)＝2＋3＝5(通り)

球を3個並べる場合，最初に白，黒を並べると，2個目が赤に決まり，3個目は「球を1個並べる場合」と同じである。最初に赤を並べると，2個目，3個目は「球を2個並べる場合」と同じである。したがって，全部で，2×(球を1個並べる並べ方)＋(球を2個並べる並べ方)＝2×3＋5＝11(通り)

球を4個並べる場合，最初に白，黒を並べると，2個目が赤に決まり，3個目，4個目は「球を2個並べる場合」と同じである。最初に赤を並べると，2個目，3個目，4個目は「球を3個並べる場合」と同じである。したがって，全部で，2×(球を2個並べる並べ方)＋(球を3個並べる並べ方)＝2×5＋11＝21(通り)

球を5個並べる場合も同様に考えて，2×(球を3個並べる並べ方)＋(球を4個並べる並べ方)＝2×11＋21＝43(通り)

4 (1) グラフより，4分間でAの部分に高さ10cmまで水がたまったとわかるから，蛇口から入れる水は，

毎分$\frac{50\times20\times10}{4}$cm³=毎分2500cm³，つまり，毎分$\frac{2500}{1000}$L=毎分2.5L

(2) Bの水面が10cmになったあと，⑦でグラフが折れている（水面が上がる割合が変化している）から，排水口を閉じたのは，このときであるとわかる。したがって，Bの水面の高さが10cmになるまでは，Bの部分に

毎分(2.5−1)L=毎分1.5L，つまり毎分1500cm³の割合で水がたまったことになる。Bに水が入りはじめてから水面の高さが10cmになるまでにかかる時間は，$\frac{50\times30\times10}{1500}$=10(分)だから，⑦=4+10=14である。

水そうが満水になるまでの41分間に蛇口から入った水は，2500×41=102500(cm³)であり，水槽の容積は，

50×(20+30)×30=75000(cm³)だから，排水された水は，102500−75000=27500(cm³)，つまり27.5Lである。

よって，排水した時間は27.5÷1=27.5(分間)だから，⑦=4+27.5=31.5である。

5 A1台を7時間30分=$7\frac{30}{60}$時間=$\frac{15}{2}$時間，B1台を7時間30分−3時間54分=3時間36分=$3\frac{36}{60}$時間=$\frac{18}{5}$時間使ったときの仕事量は，A，B1台ずつを6時間使ったときの仕事量と等しいのだから，A1台を$\frac{15}{2}$−6=$\frac{3}{2}$(時間)使ったときの仕事量と，B1台を6−$\frac{18}{5}$=$\frac{12}{5}$(時間)使ったときの仕事量は等しいとわかる。A1台とB1台で同じ仕事をしたときにかかる時間の比が$\frac{3}{2}$：$\frac{12}{5}$=5：8だから，一定時間で行う仕事量の比は8：5である。A1台が1時間に行う仕事量を⑧，B1台が1時間に行う仕事量を⑤とすると，仕事全体の量は，(⑧+⑤)×6=㉘である。1時間18分=$1\frac{18}{60}$時間=$\frac{13}{10}$時間で仕事が終わるとき，1時間で行う仕事量は，㉘÷$\frac{13}{10}$=⑩である。B9台だと1時間で⑤×9=㊺行う。B1台をA1台におきかえると，1時間の仕事量は⑧−⑤=③増えるから，求めるAの台数は，(⑩−㊺)÷③=5(台)

6 (1) 右図の番号の順にくりぬくと，①，②のときは4個ずつくりぬき，③，④，⑤，⑥のときは3個ずつくりぬくことになるので，全部で，4×2+3×4=20(個)くりぬく。

よって，残りは64−20=44(個)だから，体積は44cm³である。

(2) くりぬいたあとの立体を上から1段目，2段目，3段目，4段目に分けて各段の図をかく。まず，くりぬかれている部分を黒く塗りつぶし，残った立方体それぞれに，となりが空いている（立方体が接していない）面の数を順番に記録していき，最終的に記録した数が4になった立方体が，4つの面がペンキで塗られている立方体である。

まず，くりぬく前の時点で空いている面の数を記録すると，図Iのようになる（実際に書くときは，「正」の字で記録するとよい）。次に，先ほど記録した面以外に，くりぬいたことで，例えば1つ上の段が空けば1面，1つ下の段が空けば1面，空いている面の数が増えることから，上下の面で空いている面の数を足して記録すると，図IIのようになる。最後に，ここまでで記録した面以外に，

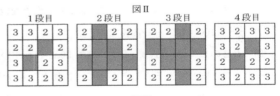

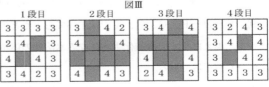

同じ段で空いている面の数を足して記録すると，図IIIのようになる。図IIIで4が記録された立方体は18個あり，これが求める個数である。

問1

(3)　ア×…すい液はすい臓で作られる。

(4)　柔毛には毛細血管が網目状に張りめぐらされていて，ブドウ糖やアミノ酸などの養分を血液中に吸収する。柔毛があることで小腸の内側のかべの表面積がテニスコート約１面分にまで大きくなり，栄養分を効率よく吸収できる。

(5)　ア，エ×…肝臓のはたらきである。　ウ×…大腸のはたらきである。

(6)　養分は小腸で吸収されて，小腸と肝臓をつなぐ血管を流れる血液を通して肝臓へ運ばれる。肝臓で一部がたくわえられ，肝臓から全身へ送られるので，「あ」，「い」，「う」，「お」が正答である。

(7)　全身で血液中に出された二酸化炭素は，肺で体の外に出されるので，ｂ，ｄが二酸化炭素の移動の向きである。

(8)　酸素は肺で血液中に取りこまれるので，肺を出てから全身へ送られるまでのＡ，Ｄ，Ｅ，Ｇ，Ｉに酸素が多くふくまれる。

問3

(1)　ビーカーＤで，赤色リトマス紙，青色リトマス紙のどちらも色が変化しなかったことから，うすい塩酸とうすい水酸化ナトリウム水溶液がちょうど中和して中性になっていることがわかる。このとき，うすい塩酸の体積は50mL，うすい水酸化ナトリウム水溶液の体積は 40mL であり，濃さの比は体積比の逆の比になることから，塩酸の濃さ：水酸化ナトリウム水溶液の濃さ＝４：５である。

(2)　ア×…水素の性質である。　イ×…二酸化炭素の性質である。　ウ○…塩化水素やアンモニアなどの性質である。　エ×…酸素の性質である。　オ×…気体は発生しない。

(3)　赤色リトマス紙だけ色が変わるのは，水溶液がアルカリ性の場合である。したがって，ちょうど中和しているビーカーＤよりも，加えた水酸化ナトリウム水溶液が多いビーカーＥが正答である。

(4)　ビーカーＤでは，うすい塩酸とうすい水酸化ナトリウム水溶液がちょうど中和したので，ビーカー内は食塩水になっており，水を蒸発させて残る白い固体は食塩である。

(5)　ビーカーＤでちょうど中和するので，ビーカーＡ，Ｂ，Ｃ，Ｄでは，うすい水酸化ナトリウム水溶液の体積と，残った白い固体の体積が比例の関係にある。したがって，$0.9 \times \frac{20}{5} = 3.6$（ｇ）である。

(6)　ビーカーＥで残った食塩の重さはビーカーＤと同じ 7.2ｇだから，水酸化ナトリウムの固体も残るビーカーＥでは，残った白い固体の重さは7.2ｇよりも大きな数値になる。したがって，エが正答である。

(7)　$\frac{7.2}{9.1} \times 100 = 79.1\cdots \rightarrow 79\%$である。

(8)　表２のビーカーＧは，うすい塩酸 50mL とうすい水酸化ナトリウム水溶液 40mL を混ぜたものだから，表１のビーカーＤと同じである。したがって，これよりもうすい水酸化ナトリウム水溶液の体積が多いビーカーＨとビーカーＩに，［実験１］で用いた塩酸よりも濃い塩酸が入っている。

(9)　ビーカーＦ，Ｇ，Ｈ，Ｉではすべてちょうど中和しているので，残った白い固体はすべて食塩である。したがって，加えたうすい水酸化ナトリウム水溶液の体積が多いほど，ビーカーに残った白い固体は重くなる。Ｉ→Ｈ→Ｇ→Ｆが正答である。

(10)　(1)解説と同様にちょうど中和したときの体積比から考える。うすい塩酸 50mL とうすい水酸化ナトリウム水溶液 20mL がちょうど中和するから，逆の比を利用して，塩酸の濃さ：水酸化ナトリウム水溶液の濃さ＝２：５である。

(11)　表１でうすい水酸化ナトリウム水溶液の体積が５mL のとき，残った白い固体が 0.9ｇだから，白い固体が 2.7ｇ残るのは，うすい水酸化ナトリウム水溶液の体積が $5 \times \frac{2.7}{0.9} = 15$（mL）のときである。

(12) ビーカーHでは，塩酸と水酸化ナトリウム水溶液が同体積でちょうど中和している。塩酸を水でうすめても，ふくまれる塩化水素はもとの塩酸と変わらないので，必要な水酸化ナトリウム水溶液の体積は30mLである。

(13)① ビーカーⅠでは，塩酸と水酸化ナトリウム水溶液が，50：100＝1：2の体積比でちょうど中和しているので，塩酸20mLとちょうど中和する水酸化ナトリウム水溶液は20×2＝40（mL）であり，50−40＝10（mL）の水酸化ナトリウム水溶液が余って，水溶液はアルカリ性になる。したがって，アが正答である。　② 10mLの水酸化ナトリウム水溶液が余っていて，これは，ビーカーFの塩酸 $50×\frac{10}{20}=25$（mL），ビーカーGの塩酸 $50×\frac{10}{40}=12.5$（mL），ビーカーHの塩酸 $50×\frac{10}{50}=10$（mL）とちょうど中和して中性になる。したがって，ウが正答である。

問4

(1) 川のカーブしている場所では，カーブの内側で流れが遅く，外側で流れが速い。したがって，内側（A地点）ではたい積作用がさかんで，外側（B地点）ではしん食作用がさかんである。

(2) D○…川がまっすぐに流れている場所では，中央で流れが速く，両岸に近づくほど流れが遅い。

(3) V字谷は三角州や扇状地（せんじょうち）よりも上流で見られるので，より大きく角ばっている石が見られる。

(4) ア，イ○…上流では，標高差が大きい山間部を流れるため川の流れが速く，しん食作用や運ぱん作用が大きい。

(5) 扇状地は川が山地から平地に流れ出て，流れが急に遅くなる場所に，三角州は川が海に流れこむ場所にできる地形で，ともにたい積作用によってできる。

(6) イ○…三角州は扇状地よりも下流にあり，たい積する土砂の粒が小さくなる。

(7)(8) 扇状地は水田を作るには水はけがよすぎるため，水を引いてくる必要があり，水が不足する可能性も高いので，人工的に池をつくる必要がある。

問5

(1) イ○…導線AとBを直接つなぐと，非常に大きな電流が流れるため，手回し発電機のモーターが発熱して熱くなる。

(2)(3)① 手回し発電機の向きが変わらなければ電流の流れる向きは変わらない。また，ハンドルを速く回すほど発生する電流は大きなり，プロペラは速く回る。

(3)② イ○…発光ダイオードでは，豆電球に比べて小さい電流で光るので，発電機のハンドルの手ごたえは軽くなる。

(4) ア，イ，ウ○…風力発電，水力発電，火力発電はすべて，発生した力で発電機を回すことによって発電している。　エ×…太陽光発電では，光を直接電気に変えている。

(5)① ア，イ○…手で回す方の手回し発電機では，手による回転運動を電気に変換（へんかん）し，もう一方の手回し発電機では，電気をモーターの回転運動に変換している。　② ア，イ○…ドライヤーでは，電気を熱と回転運動に変換している。

《2020　B日程　国語　解説》

一　**問二A**　「カキの渋みは、(クリの渋みよりも)なお一層面倒です」と述べたあと、その理由を以下で説明しているので、カの「なぜなら」が適する。　　**B**　前の段落の内容が、後の3文の理由になっているので、オの「ですから」が適する。　　**C**　ここまではアセトアルデヒドが人間にどう作用するかを述べていたが、ここからはカキにどう作用するかという話に移るので、エの「いっぽう」が適する。　　**D**　前には、カキが人気のある果物だったことが、後には、最近は若い人に人気のない果物だといわれていることが書かれている。前後で反対の内容が書かれているので、イの「しかし」が適する。　　**E**　前に書かれていることの理由として、「香りがないこと」に「包丁で皮を剥きにくいこと」を付け加えているので、アの「また」が適する。

　　問三　共通点については、——2の直後に「カキの渋みの成分は、クリの渋みの成分と同じで『タンニン』という物質です」とある。違いについては、2～3行目に、「カキの渋みは、クリの渋みのようにまとまってあるわけではなく、果肉や果汁の中に溶け込んでいる」とある。

　　問四　次の段落で「渋を抜く」とはどういうことなのかを説明している。ただし、「不溶性」以外の部分は、字数が合わないか書かれていないので、この後に書かれている内容を読み取る。——Cの3行前に「アセトアルデヒドによって、タンニンが不溶性のタンニンに変えられた」とある。「口の中で溶けない」は——Cの2行前、「渋みが感じられなく」は——Aの次の行からぬき出す。

　　問五　——Cの「甘く」は形容詞「甘い」の連用形であり、述部の一部になっている。「甘さ・甘み」は「甘い」の語幹に接尾語「さ・み」を付けた名詞であり、主語の一部になっている。よって、Cが適する。

　　問六　直前の2文をまとめる。タネができあがる前に食べられてしまうと、動物にタネを運んでもらうという目的を果たせなくなる。

　　問七　直後の3文に欠点が書かれている。

　　問八　——5のあと、「その理由の一つは～です」「また、～も原因です」「もう一つの嫌われる大きな理由は～です」と3つの理由が述べられている。

二　**問二A**　次の2文に描かれた"ほめよう"からいって、そのやり方が徹底していたことを表す、カの「とにかく」が適する。　　**B**　直後に「忘れてしまった」とあるので、現在その状態であることを表す、アの「もう」が適する。　　**C**　少し後の「ある日」に続くので、長さを特定しない、オの「しばらく」が適する。　　**D**　文末が打ち消しの言い方になっているので、強い打ち消しを表す(呼応の)副詞である、エの「けっして」が適する。　　**E**　直後の「必ず～来ます」に自然につながるのは、イかカである。カは(　A　)に入るので、未来の定まっていない時を表すイの「いつか」が適する。　　**F**　先生がセガショーとその未来のことを本気で、まじめに考えているという流れから、真剣そうなようすを強調する、ウの「とても」が適する。

　　問三　先生がほめてくれたおかげで、いい方向に変わっていったという内容の文章だから、その前は自分に対する評価が低かったと予測できる。

　　問四　具体的には7～8行目の苅間澤先生の言動。

　　問五　「！」は、感嘆符であり、感動・興奮・強調・驚きなどの感情を表す。

　　問七　直前の2文の内容を指している。

　　問八　先生は、「セガショーが将棋が強い」「将棋に熱中しているから」と言っている。それをふまえて、「それに熱中して、上手になったことがある人は」と続けて言い、さらに「そういう人は～幸せをつかむことができます」と言っている。つまり、先生はセガショーが「そういう人」だと言っているのである。

　　問九　先生のことばを聞いたぼくは、「ぼくはぼくのままでいい。そんなふうに自分を認められたことなど、一度

もなかった」と感じている。それは、「何かとても大きくて、やわらかくて、温かいものに全身を包み込まれたような感じ」であり、「自分のすべてを肯定された甘い感覚」でもある。

―《2020　Ｂ日程　算数　解説》―

1　(1)　与式 = $3×11×3×11+8×11×8×11-6×11×6×11-11×11=$
$(3×3+8×8-6×6-1)×11×11=(9+64-36-1)×11×11=36×121=4356$

(2)　与式 = $\dfrac{1.2}{0.24×0.4}-4.4×1.3=\dfrac{25}{2}-4.4×1.3=12.5-5.72=6.78$

(3)　与式 = $\dfrac{3}{11}+\dfrac{8}{9}÷(\dfrac{60}{105}-\dfrac{42}{105}+\dfrac{70}{105})=\dfrac{3}{11}+\dfrac{8}{9}÷\dfrac{88}{105}=\dfrac{3}{11}+\dfrac{8}{9}×\dfrac{105}{88}=\dfrac{3}{11}+\dfrac{35}{33}=\dfrac{9}{33}+\dfrac{35}{33}=\dfrac{44}{33}=\dfrac{4}{3}=1\dfrac{1}{3}$

(4)　$\dfrac{0.6}{0.75}-□×\dfrac{21}{20}=\dfrac{1}{4}×\dfrac{2}{5}$　　$\dfrac{4}{5}-□×\dfrac{21}{20}=\dfrac{1}{10}$　　$□×\dfrac{21}{20}=\dfrac{4}{5}-\dfrac{1}{10}$　　$□=\dfrac{7}{10}÷\dfrac{21}{20}=\dfrac{7}{10}×\dfrac{20}{21}=\dfrac{2}{3}$

2　(1)　全体のページ数を5と8の最小公倍数の㊵とする。1日目に全体の$\dfrac{2}{5}$を読んだから，残りは㊵×$(1-\dfrac{2}{5})=$
㉔になった。2日目に48ページ読んだから，残りは㉔-48(ページ)になった。3日目はこの$\dfrac{3}{8}$を読んだから，残りは(㉔-48)×$(1-\dfrac{3}{8})=$(㉔-48)×$\dfrac{5}{8}$=⑮-30(ページ)になった。これが全体の$\dfrac{1}{8}$の㊵×$\dfrac{1}{8}$=⑤に等しいから，⑮-⑤=⑩が30ページにあたるとわかる。よって，全体のページ数は，30×$\dfrac{㊵}{⑩}$=120(ページ)

(2)　ＡＣ=ＤＣで，三角形ＡＢＣが正三角形だから，三角形ＢＣＤはＢＣ=ＤＣの二等辺三角形である。
角ＢＣＤ=60+70=130(度)だから，角ＣＤＢ=(180-130)÷2=25(度)である。
よって，三角形の外角の性質より，⑦=角ＣＤＢ+角ＡＣＤ=25+70=95(度)

(3)　三角形ＢＣＥの面積は，長方形ＡＢＣＤの面積の半分で$\dfrac{45}{2}$cm²である。
三角形ＢＣＥの底辺をＢＥとすると，高さはＣＨ=6cmだから，ＢＥ=$\dfrac{45}{2}$×2÷6=7.5(cm)

(4)　定価の2割引きの650×$(1-\dfrac{2}{10})$=520(円)で売ると1個につき520-420=100(円)の利益があり，10個売ったので，2割引きで売った分の利益は100×10=1000(円)である。8個売れ残った分の損失は，420×8=3360(円)である。したがって，定価で売った分の利益は，3160-1000+3360=5520(円)である。定価で売ると1個につき650-420=230(円)の利益があるから，定価で売った個数は，5520÷230=24(個)である。
よって，仕入れた個数は，24+10+8=42(個)

(5)　1脚に7人ずつ座った場合，最後の長椅子に座った人数は，1人以上6人以下である。したがって，1脚に5人ずつ座っている状態から，7人ずつ座っている状態にすると，すべての席に過不足なく座るために必要な生徒の人数は，2+1=3(人)から2+6=8(人)の間となる。この人数を1脚あたりの人数の変化である7-5=2で割ると，長椅子の脚数となり，長椅子の脚数が整数であることから，長椅子は，4÷2=2(脚)か6÷2=3(脚)か8÷2=4(脚)とわかる。
よって，生徒の人数は，5×2+2=12(人)か，5×3+2=17(人)か，5×4+2=22(人)である。

3　0，1，5，10の4種類の数を4つ足し合わせて作ることができる数が何個あるかを調べる。何種類の数を使うかによって場合を分けて調べるとよい。例えば，1と5だけで作れる数は，最小が1+1+1+5=8で，1を5に置きかえるごとに4大きくなるから，8+4=12と12+4=16も作れる。同様に調べていくと右表のようになる。表内には3×10+5=35(個)の数があるが，下線部の10通りの数はすでに出てきた数なので，求める場合の数は，35-10=25(通り)

0のみ	0	0と1	1, 2, 3	0と1と5	6, 7, 11
1のみ	4	0と5	5, 10, 15	0と1と10	11, 12, 21
5のみ	20	0と10	10, 20, 30	0と5と10	15, 20, 25
10のみ	40	1と5	8, 12, 16	1と5と10	17, 21, 26
		1と10	13, 22, 31	0と1と5と10	16
		5と10	25, 30, 35		

4　2つの正方形を合わせた図形が点対称だから，右図の色をつけた部分の面積を
求めて2倍すればよい。⑦は半径2cmの円の$\frac{1}{4}$だから，⑦の面積の和は，
$2 \times 2 \times 3.14 \times \frac{1}{4} \times 3 = 9.42$（cm²）である。色をつけた部分のうち⑦以外を合わ
せると，縦2cm，横6＋3＋4＋6＝19（cm）の長方形になり，その面積は，
$2 \times 19 = 38$（cm²）である。⑦の面積は，$(2 \times 2 - 1 \times 1 \times 3.14) \div 4 = 0.215$（cm²）
である。よって，求める面積は，$(9.42 + 38 - 0.215) \times 2 = 94.41$（cm²）

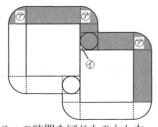

5　(1)　姉が3周するのと同時に妹が2周したとはどこにも書かれていないので，この2つの時間を同じものとしな
いように注意する。8分の前後でグラフが折れていることから，最初に折れているところで妹が休憩しはじめ，
2回目に折れているところで妹が2周目を歩きはじめたとわかる。
　2人の間の道の長さが5分後に最大になったことから，このとき2人の間の道の長さは，ちょうど池の周りの1
周の半分，つまり300mになったとわかる。したがって，2人の速さの差は，分速$\frac{300}{5}$m＝分速60mである。
8分後に妹は出発地点で休憩していて，姉は2周目を終えたのだから，姉の速さは，分速$\frac{600 \times 2}{8}$m＝分速150m
である。よって，妹の速さは，分速$(150-60)$m＝分速90mである。

(2)　⑦は妹が2周目を歩きはじめたときの，2人の間の道の長さである。妹が1周するのにかかる時間は，
$600 \div 90 = 6\frac{2}{3}$（分）だから，妹が2周目を歩きはじめたのは$6\frac{2}{3} + 2 = 8\frac{2}{3}$（分後）であり，姉はそれまでに，
$150 \times 8\frac{2}{3} = 1300$（m）走っている。よって，⑦＝$1300 - 600 \times 2 = 100$

6　A町からB町へ行く電車は，時速54km＝秒速$\frac{54 \times 1000}{60 \times 60}$m＝秒速15mで2分40秒＝160秒おきに走る。
　B町からA町へ行く電車は，時速36km＝秒速$\frac{36 \times 1000}{60 \times 60}$m＝秒速10mで3分20秒＝200秒おきに走る。

(1)　踏切を通過するのにかかる時間は，B町行きの電車が $150 \div 15 = 10$（秒），A町行きの電車が，$150 \div 10 = 15$（秒）であ
る。したがって，最初に踏切が開くのは，A町行きの電車が踏切を通過してから10秒後だから，$15 + 10 = 25$（秒後）

(2)　160と200の最小公倍数が800だから，求める時間は800秒後，つまり，13分20秒後である。

(3)　B町行きの電車だけが運行している場合に踏切が閉まっている時間と，A町行きの電車だけが運行している
場合に踏切が閉まっている時間とを別々に調べ，踏切が閉まっている時間の重なりを確認する。
　B町行きの電車だけが運行している場合，最初に踏切が開くのは$10 + 10 = 20$（秒後）であり，踏切が閉まってから
次に開くまでの間隔は$30 + 10 + 10 = 50$（秒），踏切が開いてから次に閉まるまでの間隔は$160 - 50 = 110$（秒）である。
　A町行きの電車だけが運行している場合，最初に踏切が開くのは$15 + 10 = 25$（秒後）であり，踏切が閉まってから
次に開くまでの間隔は$30 + 15 + 10 = 55$（秒），踏切が開いてから次に閉まるまでの間隔は$200 - 55 = 145$（秒）である。
したがって，表にまとめると下のようになる（太線内が踏切が閉まっている時間）。

B町行き（秒）	0～20	20～130	130～180	180～290	290～340	340～450	450～500	500～610	610～660	660～770	770～800
A町行き（秒）	0～25	25～170	170～225	225～370	370～425	425～570	570～625	625～770	770～800	…	…

よって，実際に踏切が閉まっている時間は，0～25秒後の25秒間，130～225秒後の95秒間，290～340秒後の
50秒間，370～425秒後の55秒間，450～500秒後の50秒間，570～660秒後の90秒間，770～800秒後の30秒間
だから，求める時間は，$25 + 95 + 50 + 55 + 50 + 90 + 30 = 395$（秒），つまり6分35秒である。

(4)　ここまでの解説をふまえる。踏切の動き方は，800秒ごとの周期となり，1回の周期の間に踏切が閉まって
いる時間は395秒である。
　23分30秒＝1410秒だから，$1410 \div 395 = 3$余り225より，花子さんが調査を終えたのは，4回目の周期のうち，
踏切が合計で225秒閉まったあとから，次に踏切が閉まるまでの間である。1回の周期で踏切が閉まっていた時
間の合計が225秒となるのは，(3)で$25 + 95 + 50 + 55 = 225$（秒）と計算したことから，425秒後とわかる。花子さん
が調査を終えたのは，4回目の周期の425秒後から，450秒後（次に踏切が閉まるとき）の間である。よって，求め
る時間は，最短で，$800 \times 3 + 425 = 2825$（秒），つまり47分5秒であり，最長で，47分5秒＋25秒＝47分30秒である。

■ ご使用にあたってのお願い・ご注意

（1）問題文等の非掲載

　著作権上の都合により，問題文や図表などの一部を掲載できない場合があります。

　誠に申し訳ございませんが，ご了承くださいますようお願いいたします。

（2）過去問における時事性

　過去問題集は，学習指導要領の改訂や社会状況の変化，新たな発見などにより，現在とは異なる表記や解説になっている場合があります。過去問の特性上，出題当時のままで出版していますので，あらかじめご了承ください。

（3）配点

　学校等から配点が公表されている場合は，記載しています。公表されていない場合は，記載していません。

　独自の予想配点は，出題者の意図と異なる場合があり，お客様が学習するうえで誤った判断をしてしまう恐れがあるため記載していません。

（4）無断複製等の禁止

　購入された個人のお客様が，ご家庭でご自身またはご家族の学習のためにコピーをすることは可能ですが，それ以外の目的でコピー，スキャン，転載（ブログ，ＳＮＳなどでの公開を含みます）などをすることは法律により禁止されています。学校や学習塾などで，児童生徒のためにコピーをして使用することも法律により禁止されています。

　ご不明な点や，違法な疑いのある行為を確認された場合は，弊社までご連絡ください。

（5）けがに注意

　この問題集は針を外して使用します。針を外すときは，けがをしないように注意してください。また，表紙カバーや問題用紙の端で手指を傷つけないように十分注意してください。

（6）正誤

　制作には万全を期しておりますが，万が一誤りなどがございましたら，弊社までご連絡ください。

　なお，誤りが判明した場合は，弊社ウェブサイトの「ご購入者様のページ」に掲載しておりますので，そちらもご確認ください。

■ お問い合わせ

　解答例，解説，印刷，製本など，問題集発行におけるすべての責任は弊社にあります。

　ご不明な点がございましたら，弊社ウェブサイトの「お問い合わせ」フォームよりご連絡ください。迅速に対応いたしますが，営業日の都合で回答に数日を要する場合があります。

　ご入力いただいたメールアドレス宛に自動返信メールをお送りしています。自動返信メールが届かない場合は，「よくある質問」の「メールの問い合わせに対し返信がありません。」の項目をご確認ください。

　また弊社営業日（平日）は，午前９時から午後５時まで，電話でのお問い合わせも受け付けています。

━━━━━━━━━ 2025 春

株式会社教英出版

〒422-8054　静岡県静岡市駿河区南安倍３丁目 12-28

TEL　054-288-2131　　FAX　054-288-2133

URL　https://kyoei-syuppan.net/

MAIL　siteform@kyoei-syuppan.net

教英出版の中学受験対策

中学受験面接の基本がここに！
知っておくべき面接試問の要領

面接試験に，落ち着いて自信をもってのぞむためには，あらかじめ十分な準備をしておく必要があります。面接の心得や，受験生と保護者それぞれへの試問例など，面接対策に必要な知識を1冊にまとめました。

- 面接の形式や評価のポイント，マナー，当日までの準備など，面接の基本をていねいに指南「面接はこわくない！」
- 書き込み式なので，質問例に対する自分の答えを整理して本番直前まで使える
- ウェブサイトで質問音声による面接のシミュレーションができる

定価：770円（本体700円＋税）

入試テクニックシリーズ

必修編

基本をおさえて実力アップ！
1冊で入試の全範囲を学べる！
基礎力養成に最適！

こんな受験生には必修編がおすすめ！
- 入試レベルの問題を解きたい
- 学校の勉強とのちがいを知りたい
- 入試問題を解く基礎力を固めたい

定価：1,100円（本体1,000＋税）

発展編

応用力強化で合格をつかむ！
有名私立中の問題で
最適な解き方を学べる！

こんな受験生には発展編がおすすめ！
- もっと難しい問題を解きたい
- 難関中学校をめざしている
- 子どもに難問の解法を教えたい

定価：1,760円（本体1,600＋税）

絶賛販売中！

詳しくは教英出版で検索

| 教英出版 | 検索 |

URL https://kyoei-syuppan.net/

教英出版　2025年春受験用　中学入試問題集

学校別問題集

★はカラー問題対応

北 海 道
① [市立] 札幌開成中等教育学校
② 藤 女 子 中 学 校
③ 北 嶺 中 学 校
④ 北 星 学 園 女 子 中 学 校
⑤ 札 幌 大 谷 中 学 校
⑥ 札 幌 光 星 中 学 校
⑦ 立 命 館 慶 祥 中 学 校
⑧ 函 館 ラ・サ ー ル 中 学 校

青 森 県
① [県立] 三本木高等学校附属中学校

岩 手 県
① [県立] 一関第一高等学校附属中学校

宮 城 県
① [県立] 宮城県古川黎明中学校
② [県立] 宮城県仙台二華中学校
③ [市立] 仙台青陵中等教育学校
④ 東 北 学 院 中 学 校
⑤ 仙 台 白 百 合 学 園 中 学 校
⑥ 聖ウルスラ学院英智中学校
⑦ 宮 城 学 院 中 学 校
⑧ 秀 光 中 学 校
⑨ 古 川 学 園 中 学 校

秋 田 県
① [県立] 大館国際情報学院中学校
　　　　 秋田南高等学校中等部
　　　　 横手清陵学院中学校

山 形 県
① [県立] 東桜学館中学校
　　　　 致道館中学校

福 島 県
① [県立] 会津学鳳中学校
　　　　 ふたば未来学園中学校

茨 城 県
① [県立] 日立第一高等学校附属中学校
　　　　 太田第一高等学校附属中学校
　　　　 水戸第一高等学校附属中学校
　　　　 鉾田第一高等学校附属中学校
　　　　 鹿島高等学校附属中学校
　　　　 土浦第一高等学校附属中学校
　　　　 竜ヶ崎第一高等学校附属中学校
　　　　 下館第一高等学校附属中学校
　　　　 下妻第一高等学校附属中学校
　　　　 水海道第一高等学校附属中学校
　　　　 勝田中等教育学校
　　　　 並木中等教育学校
　　　　 古河中等教育学校

栃 木 県
① [県立] 宇都宮東高等学校附属中学校
　　　　 佐野高等学校附属中学校
　　　　 矢板東高等学校附属中学校

群 馬 県
① [県立] 中央中等教育学校
　 [市立] 四ツ葉学園中等教育学校
　 [市立] 太 田 中 学 校

埼 玉 県
① [県立] 伊 奈 学 園 中 学 校
② [市立] 浦 和 中 学 校
③ [市立] 大宮国際中等教育学校
④ [市立] 川口市立高等学校附属中学校

千 葉 県
① [県立] 千 葉 中 学 校
　　　　 東 葛 飾 中 学 校
② [市立] 稲毛国際中等教育学校

東 京 都
① [国立] 筑波大学附属駒場中学校
② [都立] 白鷗高等学校附属中学校
③ [都立] 桜修館中等教育学校
④ [都立] 小石川中等教育学校
⑤ [都立] 両国高等学校附属中学校
⑥ [都立] 立川国際中等教育学校
⑦ [都立] 武蔵高等学校附属中学校
⑧ [都立] 大泉高等学校附属中学校
⑨ [都立] 富士高等学校附属中学校
⑩ [都立] 三 鷹 中 等 教 育 学 校
⑪ [都立] 南多摩中等教育学校
⑫ [区立] 九段中等教育学校
⑬ 開 成 中 学 校
⑭ 麻 布 中 学 校
⑮ 桜 蔭 中 学 校
⑯ 女 子 学 院 中 学 校
★⑰ 豊 島 岡 女 子 学 園 中 学 校
⑱ 東京都市大学等々力中学校
⑲ 世 田 谷 学 園 中 学 校
★⑳ 広尾学園中学校（第2回）
★㉑ 広尾学園中学校（医進・サイエンス回）
㉒ 渋谷教育学園渋谷中学校（第1回）
㉓ 渋谷教育学園渋谷中学校（第2回）
㉔ 東京農業大学第一高等学校中等部
　　（2月1日 午後）
㉕ 東京農業大学第一高等学校中等部
　　（2月2日 午後）

④[府立]富田林中学校
⑤[府立]咲くやこの花中学校
⑥[府立]水都国際中学校
⑦清　風　中　学　校
⑧高槻中学校（Ａ日程）
⑨高槻中学校（Ｂ日程）
⑩明　星　中　学　校
⑪大阪女学院中学校
⑫大　谷　中　学　校
⑬四天王寺中学校
⑭帝塚山学院中学校
⑮大阪国際中学校
⑯大阪桐蔭中学校
⑰開　明　中　学　校
⑱関西大学第一中学校
⑲近畿大学附属中学校
⑳金蘭千里中学校
㉑金光八尾中学校
㉒清風南海中学校
㉓帝塚山学院泉ヶ丘中学校
㉔同志社香里中学校
㉕初芝立命館中学校
㉖関西大学中等部
㉗大阪星光学院中学校

兵　庫　県
①[国立]神戸大学附属中等教育学校
②[県立]兵庫県立大学附属中学校
③雲雀丘学園中学校
④関西学院中学部
⑤神戸女学院中学部
⑥甲陽学院中学校
⑦甲　南　中　学　校
⑧甲南女子中学校
⑨灘　中　学　校
⑩親　和　中　学　校
⑪神戸海星女子学院中学校
⑫滝　川　中　学　校
⑬啓明学院中学校
⑭三田学園中学校
⑮淳心学院中学校
⑯仁川学院中学校
⑰六甲学院中学校
⑱須磨学園中学校（第1回入試）
⑲須磨学園中学校（第2回入試）
⑳須磨学園中学校（第3回入試）
㉑白　陵　中　学　校

㉒夙　川　中　学　校

奈　良　県
①[国立]奈良女子大学附属中等教育学校
②[国立]奈良教育大学附属中学校
③[県立]｛国際中学校／青翔中学校｝
④[市立]一条高等学校附属中学校
⑤帝塚山中学校
⑥東大寺学園中学校
⑦奈良学園中学校
⑧西大和学園中学校

和　歌　山　県
①[県立]｛古佐田丘中学校／向陽中学校／桐蔭中学校／日高高等学校附属中学校／田辺中学校｝
②智辯学園和歌山中学校
③近畿大学附属和歌山中学校
④開　智　中　学　校

岡　山　県
①[県立]岡山操山中学校
②[県立]倉敷天城中学校
③[県立]岡山大安寺中等教育学校
④[県立]津　山　中　学　校
⑤岡　山　中　学　校
⑥清　心　中　学　校
⑦岡山白陵中学校
⑧金光学園中学校
⑨就　実　中　学　校
⑩岡山理科大学附属中学校
⑪山陽学園中学校

広　島　県
①[国立]広島大学附属中学校
②[国立]広島大学附属福山中学校
③[県立]広　島　中　学　校
④[県立]三　次　中　学　校
⑤[県立]広島叡智学園中学校
⑥[市立]広島中等教育学校
⑦[市立]福　山　中　学　校
⑧広島学院中学校
⑨広島女学院中学校
⑩修　道　中　学　校

⑪崇　徳　中　学　校
⑫比治山女子中学校
⑬福山暁の星女子中学校
⑭安田女子中学校
⑮広島なぎさ中学校
⑯広島城北中学校
⑰近畿大学附属広島中学校福山校
⑱盈　進　中　学　校
⑲如水館中学校
⑳ノートルダム清心中学校
㉑銀河学院中学校
㉒近畿大学附属広島中学校東広島校
㉓ＡＩＣＪ中学校
㉔広島国際学院中学校
㉕広島修道大学ひろしま協創中学校

山　口　県
①[県立]｛下関中等教育学校／高森みどり中学校｝
②野田学園中学校

徳　島　県
①[県立]｛富岡東中学校／川島中学校／城ノ内中等教育学校｝
②徳島文理中学校

香　川　県
①大手前丸亀中学校
②香川誠陵中学校

愛　媛　県
①[県立]｛今治東中等教育学校／松山西中等教育学校｝
②愛　光　中　学　校
③済美平成中等教育学校
④新田青雲中等教育学校

高　知　県
①[県立]｛安芸中学校／高知国際中学校／中村中学校｝

福岡県

- ① [国立] 福岡教育大学附属中学校（福岡・小倉・久留米）
- ② [県立]
  - 育徳館中学校
  - 門司学園中学校
  - 宗像中学校
  - 嘉穂高等学校附属中学校
  - 輝翔館中等教育学校
- ③ 西南学院中学校
- ④ 上智福岡中学校
- ⑤ 福岡女学院中学校
- ⑥ 福岡雙葉中学校
- ⑦ 照曜館中学校
- ⑧ 筑紫女学園中学校
- ⑨ 敬愛中学校
- ⑩ 久留米大学附設中学校
- ⑪ 飯塚日新館中学校
- ⑫ 明治学園中学校
- ⑬ 小倉日新館中学校
- ⑭ 久留米信愛中学校
- ⑮ 中村学園女子中学校
- ⑯ 福岡大学附属大濠中学校
- ⑰ 筑陽学園中学校
- ⑱ 九州国際大学付属中学校
- ⑲ 博多女子中学校
- ⑳ 東福岡自彊館中学校
- ㉑ 八女学院中学校

佐賀県

- ① [県立]
  - 香楠中学校
  - 致遠館中学校
  - 唐津東中学校
  - 武雄青陵中学校
- ② 弘学館中学校
- ③ 東明館中学校
- ④ 佐賀清和中学校
- ⑤ 成穎中学校
- ⑥ 早稲田佐賀中学校

長崎県

- ① [県立]
  - 長崎東中学校
  - 佐世保北中学校
  - 諫早高等学校附属中学校
- ② 青雲中学校
- ③ 長崎南山中学校
- ④ 長崎日本大学中学校
- ⑤ 海星中学校

熊本県

- ① [県立]
  - 玉名高等学校附属中学校
  - 宇土中学校
  - 八代中学校
- ② 真和中学校
- ③ 九州学院中学校
- ④ ルーテル学院中学校
- ⑤ 熊本信愛女学院中学校
- ⑥ 熊本マリスト学園中学校
- ⑦ 熊本学園大学付属中学校

大分県

- ① [県立] 大分豊府中学校
- ② 岩田中学校

宮崎県

- ① [県立] 五ヶ瀬中等教育学校
- ② [県立]
  - 宮崎西高等学校附属中学校
  - 都城泉ヶ丘高等学校附属中学校
- ③ 宮崎日本大学中学校
- ④ 日向学院中学校
- ⑤ 宮崎第一中学校

鹿児島県

- ① [県立] 楠隼中学校
- ② [市立] 鹿児島玉龍中学校
- ③ 鹿児島修学館中学校
- ④ ラ・サール中学校
- ⑤ 志學館中等部

沖縄県

- ① [県立]
  - 与勝緑が丘中学校
  - 開邦中学校
  - 球陽中学校
  - 名護高等学校附属桜中学校

もっと過去問シリーズ

北海道

北嶺中学校
7年分（算数・理科・社会）

静岡県

静岡大学教育学部附属中学校
（静岡・島田・浜松）
10年分（算数）

愛知県

愛知淑徳中学校
7年分（算数・理科・社会）
東海中学校
7年分（算数・理科・社会）
南山中学校男子部
7年分（算数・理科・社会）

南山中学校女子部
7年分（算数・理科・社会）
滝中学校
7年分（算数・理科・社会）
名古屋中学校
7年分（算数・理科・社会）

岡山県

岡山白陵中学校
7年分（算数・理科）

広島県

広島大学附属中学校
7年分（算数・理科・社会）
広島大学附属福山中学校
7年分（算数・理科・社会）
広島学院中学校
7年分（算数・理科・社会）
広島女学院中学校
7年分（算数・理科・社会）
修道中学校
7年分（算数・理科・社会）
ノートルダム清心中学校
7年分（算数・理科・社会）

愛媛県

愛光中学校
7年分（算数・理科・社会）

福岡県

福岡教育大学附属中学校
（福岡・小倉・久留米）
7年分（算数・理科・社会）
西南学院中学校
7年分（算数・理科・社会）
久留米大学附設中学校
7年分（算数・理科・社会）
福岡大学附属大濠中学校
7年分（算数・理科・社会）

佐賀県

早稲田佐賀中学校
7年分（算数・理科・社会）

長崎県

青雲中学校
7年分（算数・理科・社会）

鹿児島県

ラ・サール中学校
7年分（算数・理科・社会）

※もっと過去問シリーズは
国語の収録はありません。

教英出版

〒422-8054
静岡県静岡市駿河区南安倍3丁目12-28
TEL 054-288-2131
FAX 054-288-2133

詳しくは教英出版で検索

教英出版　　検索

URL https://kyoei-syuppan.net/